21世纪海上丝绸之路与广东航运文化

乔培华　袁炎清〇主编

中山大学出版社
·广州·

版权所有　翻印必究

图书在版编目（CIP）数据

21世纪海上丝绸之路与广东航运文化/乔培华，袁炎清主编. —广州：中山大学出版社，2016.7

ISBN 978-7-306-05697-9

Ⅰ.①2…　Ⅱ.①乔…②袁…　Ⅲ.①航运—文化—研究—广东省　Ⅳ.①F552.765

中国版本图书馆CIP数据核字（2016）第103195号

出 版 人：徐　劲
策划编辑：金继伟
责任编辑：林彩云
封面设计：林绵华
责任校对：刘学谦
责任技编：何雅涛
出版发行：中山大学出版社
电　　话：编辑部 020-84110771，84113349，84111997，84110779
　　　　　发行部 020-84111998，84111981，84111160
地　　址：广州市新港西路135号
邮　　编：510275　传真：020-84036565
网　　址：http://www.zsup.com.cn　E-mail: zdcbs@mail.sysu.edu.cn
印 刷 者：虎彩印艺股份有限公司
规　　格：787mm×1092mm　1/16　10.5印张　256千字
版次印次：2016年7月第1版　2016年7月第1次印刷
定　　价：45.00元

如发现本书因印装质量影响阅读，请与出版社发行部联系调换

目 录

推进广州国际航运中心建设的思考 …………………………… 袁炎清 / 1

广州航运的历史演进及启示 …………………………… 乔培华 马英明 / 14

广东现代运输船发展概论 …………………… 陈建平 徐曼平 钟碧良 / 20

广东航运服务集聚区建设研究 …………………………………… 唐强荣 / 38

加快建设腹地型、服务型和物流型国际航运中心 ……………… 唐宋元 / 50

中国－东盟港航合作研究展望 ………………………………………… 程军 / 58

推进广州国际航运中心建设的产业思考 ………………………… 吴燕子 / 63

完善集疏运体系　服务广州航运中心建设 …………………… 夏新海 / 69

21世纪海上丝绸之路背景下的广东自贸区发展 ……………… 陈文宇 / 75

广东沿海港口油气储运安全及其保障机制 ……………………… 周艳 / 81

海上丝绸之路上华侨华人的精神标识 …………………………… 占毅 / 88

孔子学院在东盟 ……………………………………………………… 张晓鸣 / 100

中华武术在东南亚沿海城市的传承与发展 ……………………… 蔡华 / 106

海上丝绸之路与中伊文化交流 …………………………………… 陈华健 / 111

海上丝绸之路文化交往对粤语的影响 …………………………… 马英明 / 117

海上丝绸之路上的瑞典"哥德堡"号 …………………………… 黄叶青 / 125

21世纪海上丝绸之路与广州城市发展 …………………………… 李翔 / 132

海上丝绸之路上的广彩 …………………………………………… 张晓鸣 / 137

广州市南沙一中海洋文化教育探索 ……………………… 邓斌 陈宏锋 / 143

南海神与海商 ……………………………………………………… 高乔子 / 147

从波罗诞民俗文化庙会看南海神庙的华丽转身 ………………… 冯金磊 / 152

南海神文化在动漫吉祥物设计中的传承与创新 ………………… 陈坤 / 156

21世纪海上丝绸之路背景下的南海神庙再定位 ………………… 冯金磊 / 161

推进广州国际航运中心建设的思考

袁炎清

（广州航海学院）

广州作为海上丝绸之路的始发港，是21世纪海上丝绸之路的重要节点和前沿，拥有优越的区位优势和港口资源。随着广州港南沙港区投产使用，广州港完成了从"河港"到"海港"的转变，成为我国集海、河两港于一体的沿海港口，港口吞吐能力和竞争力大幅提高。2015年，广州提出要加快建设国际航运中心，构建国际航运中心、物流中心、贸易中心以及金融服务体系相互融合的格局。推进广州国际航运中心建设需要学习世界上已有的国际航运中心的成功经验，发挥自身优势，找准定位，进行战略谋划，聚集航运要素。

一、国际航运中心的发展趋势

（一）发展模式

国际航运中心指满足腹地经济和贸易发展要求，并具有显著的区域性辐射效应的货物集散地，是以港口能力作为基本条件，以航运要素聚集为能量，适应航运公司航线运营和利益相关者资源配置的平台。它总是与世界经济发展的重心和趋势保持动态的一致，它是经济要素大量集聚和流动的产物，代表了优越的地理位置、先进的生产力、发达的经济体系和良好的投资环境，影响着全球资源在该地区的配置程度，决定着该地区参与国际竞争和占据有利地位的能力。同时，国际航运中心也可以作为促进经济发展增长的推进器和扩张源。经过工业化、后工业化及信息化等不同发展阶段，国际航运中心核心模式和主导功能也由低级向高级不断推进，共产生了四代国际航运中心，形成了各具特色的发展模式。

第一代被称为"航运中转型"国际航运中心，主要提供海运、货物转运、货物暂时储存和配送等服务。这一模式最早出现在16世纪并一直延续到20世纪初，伦敦及波罗的海航运交易所是其典型代表。西欧成为第一代航运中心的地域载体，是由英国在世界经济、贸易中的优势地位所决定的。20世纪初，美国经济的兴起使纽约成为世界第二大航运交易中心。"二战"以后，随着多极经济的迅速发展，形成了一些新的区域航运中心，像汉堡、鹿特丹、奥斯陆、东京等各具特色，但共同的趋势是向第二代国际航运中心模式演变推进。

第二代是"加工增值型"国际航运中心，在第一代国际航运中心基础上，通过港口商品的处理及服务中心功能，提供增值性商业活动，出现了自由港等开放形式。这一模式在国家战略的推动下，能动地开发港口产业，实现在途与存储货物的加工增值，配之以集装箱化运输程度的提高及自由港税收的优惠等。西欧的鹿特丹、北美的纽约、亚洲的新加坡及香港等就是此类中心的典型代表。为了营造优越的加工贸易及投资环境，它们纷纷推出了"自由港"为核心的配套优惠政策，为货船的进出和资金融通提供便利。第二代国际航运中心更加全方位地纳入到全球性资源配置运动之中，开始在功能模式上向"资源配置型"国际航运中心转型。

第三代是"资源配置型"国际航运中心，在第二代国际航运中心基础上，强化港口运作与城市经济的关联性，延伸物流等服务机构的服务链，实施数据集散一体化服务，为贸易提供后勤服务，具有更高的开放度和自由度。资源配置型国际航运中心最为本质的标志是将开发"国际航运生产力"放在诸多功能的首位。国际航运生产力既包括依靠国际航运自身的贡献值，也包括借助国际航运使生产要素在全球范围内实现最优配置所开发出的增量。随着新世纪的到来，"资源配置型"航运中心与时俱进，向第四代模式开始新的飞跃。

第四代是"低碳智网型"国际航运中心，在经济增长模式和交通运输方式的变革中，要求国际航运中心实现低碳模式和航运智能网络枢纽。"低碳智网型"国际航运中心既是对航运中转模式、加工增值模式和资源配置模式的继承与发展，又在其首要功能及相关环节上实现了质的飞跃。其特征表现为：

一是低碳。港区城市节能环保、绿色海空港口、清洁燃料船队等领域处于世界前列，而且要成为所在区域涉航碳排放资源（ET与CDM）的交易中心。

二是"第四代港口"将成为"低碳智网型"国际航运中心的主力港口。联合国贸易发展会议在1999年提出了"第四代港口"的概念，提出以"物理空间上分离但是通过公共经营者或管理部门链接"的"组合港"理念成为第四代国际航运中心的题中应有之义。"虚拟组合港"和"海江陆多元直运"方兴未艾。

三是全球海空港智能网络。当前任何一个海空港，都只不过是全球海港空港及物流资金流网络中的一个节点。"低碳智网型"国际航运中心就是要"立足节点,塑造枢纽"。

四是国际航运中心的全球资源优化配置能力将迈上崭新的台阶。"洲际供应链"与"物流集成服务"将大宗矿产、石油能源和制成品最优化配置,国际航运生产力达到新高度。

五是一流的国际航运人才成为"低碳智网型"国际航运中心最宝贵的战略资源。如深水港建设人才、航道设计与施工人才、港口机械装卸技术人才、引航人才、航运经营与管理人才、航运信息研究分析人才、船舶驾驶与轮机人才、航运金融保险人才、物流经营管理人才、海事法律人才、航运网络经济人才,尤其是居于航运产业高端的航运交易及其服务业人才,包括航运金融、海事保险、海事仲裁、海损理算、航运交易、公证公估、航运专业机构等从业人员。

模式是一种经验基础上的理论升华,是人们可以照着做的标准样式。在国际航运中心的发展模式中,形成了各具特色和优势的不同模式,如伦敦国际航运中心,以市场交易和提供航运服务为主,依靠悠久的历史传统和人文条件形成;鹿特丹国际航运中心和纽约国际航运中心,以腹地货物集散服务为主,即为腹地型国际航运中心;香港国际航运中心和新加坡国际航运中心,以中转为主,即为中转型的国际航运中心。

综合分析世界上各国际航运中心发展和演变历程,可初步得到国际航运中心的要素条件:拥有多功能枢纽港(或组合港)及现代空港;拥有国际国内贸易货物的集散物流体系;拥有以金融与专业服务为主的国际航运高端服务产业集群;拥有所在港口城市的商务便利与高质量城区生活综合配套;拥有国际一流的航运专业人才与研究培训机构。

(二) 发展趋势

一是重心位移,分布多中心化。随着世界经济中心逐渐东移,亚洲在世界经济中的地位愈加突出,世界航运中心的重心正逐步移到亚洲地区。2015年全球前10位国际航运中心分别为新加坡、伦敦、香港、鹿特丹、汉堡、上海、迪拜、纽约、釜山、雅典,国际航运多中心化趋势明显。中国作为第二大经济体,在世界航运中心格局中将拥有布局合理的航运中心体系,正在建设以渤海湾、长三角、珠三角三大港口群为依托的三大国际航运中心。表1—1、表1—2反映了这一趋势。

表1-1　1980—2014年世界十大集装箱港

名次	1980年（集装箱吞吐量：万TEU）	1990年（集装箱吞吐量：万TEU）	2000年港口（集装箱吞吐量：万TEU）	2011年港口（集装箱吞吐量：万TEU）	2014年港口（集装箱吞吐量：万TEU）
1	纽约新泽西（194.7）	新加坡（522.4）	香港（1809.8）	上海（3150）	上海（3529）
2	鹿特丹（190）	香港（510）	新加坡（1709）	新加坡（2993.8）	新加坡（3387）
3	香港（146.5）	鹿特丹（366.7）	釜山（754）	香港（2440）	深圳（2396）
4	高雄（97.9）	高雄（349.5）	高雄（742.6）	深圳（2257）	香港（2227）
5	新加坡（91.7）	神户（259.6）	鹿特丹（628）	釜山（1618.5）	宁波舟山（1945）
6	汉堡（78）	洛杉矶（258.7）	上海（561）	宁波舟山（1468.6）	釜山（1868）
7	奥克兰（78）	釜山（234.8）	洛杉矶（487.9）	广州（1440）	广州（1660）
8	西雅图（78）	汉堡（196.9）	长滩（460）	青岛（1302）	青岛（1658）
9	神户（72.7）	纽约新泽西（187）	汉堡（424.8）	迪拜（1300）	迪拜（1525）
10	安特卫普（72）	基隆（182.8）	安特卫普（408）	鹿特丹（1190）	天津（1405）

资料来源：Containerization International Yearbook, issues of year 1980, 1990, 2000, and 2011.

表1-2　2014年全球十大港口货物吞吐量排名

序号	港口名称	吞吐量（万吨）
1	宁波舟山港	80978
2	上海港	77600
3	新加坡港	55958
4	天津港	50000
5	广州港	45512
6	苏州港	45430
7	青岛港	45000
8	唐山港	44620
9	鹿特丹港	44046
10	大连港	40840

二是结构转换，功能复合化。国际航运中心的功能从过去的主要以货物功能发展到金融功能、市场功能、规则把控等领域的功能，这些功能相辅相成、共同构成航运中心的国际影响力和竞争力。第一代国际航运中心往往从国际贸易的货物运输起家，如纽约、伦敦、东京等在货物吞吐量方面都曾居于世界前列。当时航运中心的货物集散和中转功能是主要的功能。港口建设、货物装卸、造船以及强大的工业发展实力是其基本的发展内涵。伴随着航运中心的发展，与航运相关的金融、大宗商品交易等逐步发展起来。船公司、银行、保险、中介、船级、船舶经营、航运辅助服务等成为航运中心发展的主要内容。在此基础上，又拓展出航运中心的信息功能、海事规则制定和把控等功能。海事信息、航运咨询研究、海事组织、海事标准及相应的航运创新成为重要的发展支撑。当下主要的国际航运中心大多具备复合功能的特性。如纽约、伦敦、东京、香港、新加坡等，它们既是国际金融中心，同时也是重要的国际贸易和航运中心。

三是港城共生，发展一体化。国际航运中心以综合实力较强的港口城市为依托，它既是货物运输中心，又是区域综合物流中心、金融中心、贸易中心，是一个城市概念。"港口—国际贸易—国际航运—国际金融"实现了互动融合发展，并向外围区域辐射。发展临港产业是"港城联动"的核心，港口是带动区域经济发展的核心战略资源。物流化运营是实现港城一体的基本路径。通过制度创新、区域合作机制、管理体制整合、运营模式重组和监管运营机制协调等，健全港城整合机制是基本策略。

四是智慧生态，理念绿色化。第三次工业革命浪潮引发的新经济模式将使人类朝着生态和谐、绿色低碳、可持续发展的社会迈进。世界经济对绿色低碳环保的要求，大数据、云技术、物联网等信息技术运用于港口运营服务、港航物流服务、智慧电子商务、金融贸易体系建设、航运交易体系建设、通关监管服务体系建设、信息增值服务体系建设、支撑体系建设等直接影响着国际航运中心的建设方向和路径，国际航运中心将成为智慧、绿色、物流、平安港城。

五是自由便利，服务全程化。国际航运中心通常是自由港或自贸区，以投资贸易便利化、货币兑换自由化来满足贸易和服务投融资的需要，国际投资成为国际贸易的推进器。伴随着物流供应链的拓展，国际航运中心的影响有进一步深入内陆纵深的趋势，更多无水港（或称内陆港）成为其拓展纽带，供应链管理成为国际航运中心建设不可或缺的重要组成部分，满足顾客服务要体现一站式、全程化的能力和水平。

六是合作共赢，运作联盟化。和平与发展仍是当今世界主题，世界的大势是合作共赢主义，无论是"一带一路"的愿景还是"命运共同体"的提出，合作共赢是其核心，不仅适用于经济领域，也适用于政治、安全、文化等广泛领域，国家与国家、企业与企业之间既竞争又合作成为常态。"组合港""港口联盟""航运联盟"，甚至"城市联盟"等加强了国际航运中心的跨空间联系，并将其联营范围从海上延伸到港口与陆上，促使与港口相关的供应链各环节间的无缝对接。

二、广州国际航运中心建设的战略思考

（一）战略定位

结合广州港城的历史、现状、趋势以及外部环境的机会与威胁、内部条件的优势与劣势，参照国际航运中心的发展模式和代际演变趋势，广州国际航运中心建设的发展方向，应该走"腹地型"的鹿特丹模式，同时构建"低碳智网型"国际航运中心，大力发展航运服务业，打造现代港口物流产业体系，做大做强港航服务业，同时使港口具有强大的航运服务功能、经济辐射功能以及强大的产业集聚功能，低碳环保节能，形成"腹地低碳智网型"国际航运中心。

广州国际航运中心的建设定位，应该是"建在广州、对接港深、融入国家战略、依托珠三角、服务泛珠三角、辐射东南亚、放眼全世界"。

建在广州。这是由广州的地理、历史和现实状况以及在国家战略中的地位决定的。广州是华南地区的交通枢纽中心，水路、铁路、公路和航空交通发达，已形成了辐射东南亚，连通世界各地的海、陆、空立体交通网络。尤其是珠三角河道纵横交错，航运资源条件优越，拥有"江海直达，连通港澳"的得天独厚的航运条件。广州港南沙港区水路距香港约30海里，陆路距广州市中心约58公里，以南沙港区为中心方圆60公里覆盖了广州、深圳、珠海、佛山等14个大中城市，方圆100公里以内，聚集了中国经济最活跃的城市群，全世界1/10的消费品在这里制造。广州港2014年集装箱吞吐量为1661万标箱，在国内排第五；货物吞吐量为5亿吨，在国内排第四。

对接港深。珠江三角洲形成了以香港、广州、深圳三个大型综合性港口为枢纽港，以珠海、惠州、虎门、澳门、中山、江门、新会以及肇庆、佛山等为中小型港口共同发展的格局。港口泊位在地理位置上相对比较集中，而广州、深圳、珠海、东莞等城市的港口处于同一水域，间隔距离平均不到50海里，由于使用共同航道，货源腹地高度重合，香港、深圳、广州之间存在竞争合作关系，这是客观现实。香港是全球公认的国际航运中心之一，因为拥有深水港

而作为世界一级集装箱港口，并是全球供应链上的主要枢纽港，约有近百家国际航运公司，每周提供超过 500 个集装箱货轮班次，往返全球 600 多个目的地。香港 2014 年集装箱吞吐量为 2228 万标准箱（TEU），货物吞吐量为 2.97 亿吨。香港港口有基建设施完备、交通信息便捷、运输物流服务发达等优势，香港又是国际金融中心，在国际航运业领域地位明显。深圳港自身拥有优越的先天条件。盐田港、蛇口港是深圳港口的两大组成部分。盐田港是深水港，对于迎接国际大型的远洋船只不存在任何问题，且努力提供国际航线较为完善的服务；目前的蛇口港由于自身的服务与国际水平有一定差距及其地理位置的限制，收费较盐田港低廉，这也正为廉价的工业产品生产商提供了另一选择。被列为深圳市"十一五"重点建设项目的大铲湾港区，规划岸线总长约 11.6 公里，规划陆域面积约 10.3 平方千米，拟建大中型深水泊位 24～25 个，驳船岸线 2600 多米，打造全球最先进的集装箱码头；港区还将大力发展包括堆场、仓储、保税仓、临港工业，以及金融、港口物流信息增值服务等在内的港口物流业。2014 年深圳港集装箱吞吐量为 2403.67 万标准箱，货物吞吐量达 2.23 亿吨，其中外贸货物吞吐量为 1.84 亿吨。建设广州国际航运中心，必须正视香港国际航运中心的客观现实及深圳区域性国际航运中心的发展，处理好与香港、深圳等周边港口的竞争合作关系，特别是做好与香港、深圳的对接，体现开放、自由，惠己与利人相结合。

融入国家战略。党的十八大报告首次明确提出"提高海洋资源开发能力，坚决维护国家海洋权益，建设海洋强国"的战略部署，特别是推进"一带一路"中的 21 世纪海上丝绸之路建设的战略部署，对广东省内的广州、深圳、湛江、汕头等沿海城市港口建设提出了新要求。海上丝绸之路建设的南线图：泉州—福州—广州—海口—北海—河内—吉隆坡—雅加达—科伦坡—加尔各答—内罗毕—雅典—威尼斯，广州作为主要的节点城市，必须大力推进广州国际航运中心建设，聚集各种航运、金融、技术、信息等要素，加大与沿线国家港口的联系与合作，融入国家战略需要。

依托珠三角。珠三角指地理上以广东省的广州、深圳、珠海、佛山、江门、东莞、中山、惠州和肇庆为主体，2013 年和 2014 年珠三角地区的 GDP 分别为 53060.47 亿元和 62163.97 亿元，各占广东省 GDP 的 85.36% 和 85.26%。可见珠三角地区是广东最重要的经济区，是广东货运量、物流产生的主要源泉，是珠三角港口群最直接的经济腹地。在广州国际航运中心建设中，尤其是腹地型航运中心建设，强大的腹地经济是必须依托的。

服务泛珠三角。泛珠三角又叫"9+2"，泛珠三角是指沿珠江流域的广东、福建、江西、广西、海南、湖南、四川、云南、贵州 9 个省（区），加上香港和澳门两个特别行政区在内的11个地区，共同合作，共谋发展。这些地区直接或间接地与珠江流域的经济流向和文化有关，且在资源、产业、市场等方面有较强的互补性。泛珠三角地区陆地面积为199.45万平方千米，占全国面积的20.78%，人口4.46亿人，占全国人口的34.76%。泛珠三角是珠三角港口群重要的经济腹地，也是广州建设腹地型国际航运中心重要的货物来源地。

辐射东南亚。广州国际航运中心建设要加强与东南亚国家港口合作，促进互利共赢。东南亚是指亚洲东南部地区，又称南洋。该地区是第二次世界大战后期才出现的一个新的地区，有越南、老挝、柬埔寨、泰国、缅甸、马来西亚、新加坡、印度尼西亚、文莱、菲律宾、东帝汶11个国家，面积约457万平方千米，人口约5.6亿。东南亚连接亚洲和大洋洲，贯通太平洋与印度洋，地理位置极其重要。东南亚是当今世界经济发展最有活力和潜力的地区之一。东南亚作为中国的南邻，自古以来就是中国通向世界的必经之地。东南亚线的主要港口有勿拉湾（BELAWAN）、泗水（SURABAYA）、槟城（PENANG）、巴生港（PORT KELANG）、宿务（CEBU）、新加坡（SINGAPORE）、海防（HAIPHONG）、胡志明市（HOCHIMINH）、马尼拉（MANILA）、雅加达（JAKARTA）。东南亚过去是中国与其他国家开展海上贸易的主要区域，因此，它很自然地成为21世纪海上丝绸之路建设的第一站。比起中国大陆其他地区，广东与东南亚国家的紧密合作，归根于广东拥有天然的地理位置、历史和人文优势。在东南亚的华人社区，不少是祖籍来自广东的广府人、潮汕人和客家人，他们促进了广东与东南亚在文化上的认同和相通。在推进海上丝绸之路的战略构想中，广州可以全面发掘与海上丝绸之路沿线经济体之间尤其是东南亚国家之间潜在的互利互补机会，全面深化区域经济合作。

放眼全世界。广州国际航运中心建设要着眼于未来、放眼全世界。通过国际航线、国际物流、资金流、信息流、知识流架起与世界的联系，推进广州乃至于广东的经济发展。

（二）战略实施

1. 港口与航道提升战略

广州港港区由内港、黄埔、新沙、南沙等4大港区和珠江口锚地组成，拥有一批设施先进的大型集装箱码头，拥有煤炭、粮食、石油和化工等专业化深水码头，以及华南地区最大的滚装船码头。南沙港区一期、二期工程已建成10个10万吨级集装箱泊位；三期工程已有2个15万吨级集装箱泊位于2014年9月27日建成并投入试运营，另有4个15万吨级集装箱泊位正在施工建设。

广州港出海航道原为天然航道，从1996年开始不断进行人工疏浚，通过实施出海航道一、二期工程和航道拓宽工程，广州港出海航道底标高为－13米，有效宽度为255米，可满足5万吨级船舶双向乘潮通航。目前，南沙港区至珠江出海口航道水深为－17米，可满足目前世界最大集装箱船进出港要求。

随着船舶大型化和现代化的发展，对国际航运中心港口与航道的要求越来越高。目前全球最大、最先进、最大载箱量的集装箱船"地中海奥斯卡"轮载箱量为19224标准箱，轮长395.4米，型宽59米，吃水16米，载重吨数为197362吨。推进广州国际航运中心建设要顺应船舶大型化发展需要，进一步提升港口与航道的通过能力。

2. 全程物流链构建战略

从世界角度看，国际航运中心的发展呈现六大新趋势：一是集疏运方式从公路向铁路、内河转移；二是更加关注集疏运规模的适应性；三是集疏运体系的陆海双向化；四是建立辐射型网络联运中心；五是通过建立自由贸易区等方式提高中转作业效率；六是建设高效的综合运输网和信息管理网。集疏运网络提升战略应从实施珠江流域战略、海铁联动战略、海外延伸战略等方面构建适合广州国际航运中心功能的港口集疏运体系。

（1）集疏运网络提升战略。主要由珠江流域战略和海铁联动战略构成。珠江流域是一个复合的流域，由西江、北江、东江及珠江三角洲诸河等4个水系所组成，河道稳定，具有良好的航运条件，现有通航河道1088条。珠江流域内有滇、黔、桂、粤、湘、赣等6省（区）及港澳地区，物产丰富。广州港可利用其优越的地理位置及四通八达的珠江水系推动珠江流域战略。珠江流域战略包括：一是与珠江流域的中小码头合作，通过合资、参股等方式与珠三角甚至泛珠三角地区有发展潜力或战略地位较好的中小码头形成业务合作或战略联盟关系，积极开展水水转运业务，构建广州港与其他港口的公共驳船快线网络；二是与珠三角的驳船和拖车公司合作，与市场份额大的驳船公司、拖车公司进行合作，通过驳船或拖车将货物从珠三角小码头运到广州各港区的全程物流服务，增强广州港的辐射范围；三是与珠三角的大型生产加工或物流企业合作，与重要的货主企业或物流企业进行合作，吸引企业物流或与企业共同构筑物流链。珠江流域战略可实施类似美国"水上高速公路计划"，扩大水路运输的集疏运比例，通过政府支持实现货物运输由道路向水路转移，既可减少环境污染、缓解地面交通拥堵，还可为造船业带来好处。

海铁联动战略就是强化港口与铁路的无缝对接。广州港港区有5条铁路专用线与京广、京九、广深、广湛和广梅汕铁路等在广州交会。众多的铁路大动脉连接着祖国的四面八方，将各地的经济和社会联系在一起，成为货物集散的纽带。实施海铁联动战略将为广州港带来丰富的货源。同时，良好的多式联运体系需要集疏运系统支撑，必须充分发挥铁路的作用。据交通部统计，目前我国港口完成的7000多万标准箱的集装箱吞吐量中，公路集疏运量约占总量的84%，内河的集疏运量约占总量的15%以上，铁路的集疏运量不到1%。而美国西部港口集装箱的集疏运量中，铁路集疏运量占到50%～60%，欧洲港口铁路的集疏运量占到50%以上，成本低且不受限制。影响铁路集疏运量的主要因素有港口铁路集装箱装卸区数量、内陆腹地铁路运输服务水平、内陆腹地海运集装箱运输需求量和铁路集装箱装卸区可达性。因此，广州港应积极与铁路部门合作，加快对接南沙港的铁路线建设，不断提高内陆腹地铁路运输的服务水平，在为铁路运输带来更多货源的同时，丰富广州港的货量。而且铁路运输对公路集疏港运量的抑制作用非常显著，通过发展铁路集疏港运输可以最大限度减轻日益严重的公路集疏港压力，减少环境污染。

（2）海外延伸战略。辐射东南亚、连接全世界，主要是通过众多的国际航线和友好港口进行。一是广州港走出海外，通过投资、参股、共建等方式与东南亚国家以及海上丝绸之路沿线国家的港口合作，形成广州港的延伸港或合作港；二是吸引船公司特别是跨国航运巨头挂靠南沙港，开辟更多的国际航线；三是让更多航运公司在广州设立总部或机构。广州港已与世界100多个国家和地区的400多个港口有海运贸易往来，世界前20位集装箱班轮公司均在广州港开展业务。2014年，广州港货物吞吐量超过5亿吨，是位列全球港口第五位的世界大港。广州港实施海外延伸战略要积极拓展国际航线，包括聘请人员驻欧美等地进行专职市场营销和推广，派人到欧美进行市场营销，坚持定期走访国外船公司总部，定期拜访国外重点进出口企业和贸易商，与船公司总部重要航线负责人以及海外主要物流商、贸易商建立日常沟通联系机制，将业务联系范围扩大到船公司海外总部；参加欧美一些专业航运会议和国外一些港口物流协会；充分发挥班轮公司尤其是在广州港有股份的班轮公司的海外营销网络，借班轮公司的海外力量加强港口营销；在海外报刊、网络等媒体上刊登广告。

3. 高端服务提升战略

建设广州国际航运中心，硬实力是可持续发展的基础，软实力是保持竞争力的关键，要统筹协调提升合力效应。在加快港区基础设施建设、打造临港产业、提升海运贸易货物量，形成产业聚集、物流聚集的"磁石效应"，夯实硬实力的同时，要结合空间布局和功能设计，加强软实力建设。软实力主要是指与航运相互影响的智力化、资本化、专业化、效率化的服务业，通常被认为是包括航运金融、航运保险、航运法律、航运交易、航运中介服务、航运信息指数、航运行业组织等航运高端服务业。

一是构建航运金融服务体系。金融中心和航运中心是相伴而生的，金融中心发展源于航运中心，航运中心发展离不开金融的支持。世界著名的国际航运中心，如纽约、伦敦、东京、新加坡和香港同时也都是著名的国际金融中心。这些国际航运中心的金融业发展解决了航运公司和港口的资金困境，充分发挥了它在航运投资、融资、结算和海上保险中的作用，而运输生产本身也就是国际范围内资金流转的过程。因此，金融服务环境的完善为航运业发展提供金融保障。以广州建成华南区域金融中心为契机，充分利用"八大中心"（区域性银行贷款中心、区域性票据业务中心、区域性资金结算中心、区域性外汇交易中心、区域性资本市场业务中心、区域性保险业务中心、区域性产权交易中心、区域性金融教育科研中心）和"四大体系"（加快建设多层次的金融市场体系、多元化的金融组织体系、完善的金融产业政策体系和综合的金融监管协调服务体系），加快发展船舶融资业务，构建面向航运全过程的航运融资体系；积极探索航运保险机制，建立健全航运保险法规和制度；鼓励国内企业改变贸易交易方式，提高国内保险行业在国际贸易保险中的份额。为航运公司、港口企业提供方便快捷的金融服务，提高投资、融资和结算的运转效率。

二是构建航运法律服务体系。海商、海事争议的解决依赖完善的海事法律体系，同时还需要海事法院、仲裁委员会、海事协会、保赔协会等方面的大力配合。海事方面的立法、行政执法、司法诉讼与海事仲裁等法制诸要素的提升涉及一系列体制与机制的创新，需要众多立法与政策的规制与引导，应当贯彻立法先行的指导思想，进一步完善航运、港口管理以及海商海事实体法和程序法。以广州海事法院为中心，积极完善广州海事执法体系，逐步开展海事仲裁业务，大力培育海事法律服务机构和人才，尤其是专业的海事律师、海事咨询、海事检验、公证公估、海损理算、海上保险、保赔保险等其他海事法律服务专门人才，将广州打造成为国际海事争议处理中心。

三是构建航运支撑服务体系。航运服务功能是航运高端服务的基础，主要包括航运、海难救助、邮电通信、航运信息与咨询、航运经纪与中介、修船造船等。要在南沙自贸区的基础上，积极探索中国海关广东分署内部各关区通关协作模式，提高船舶、货物的通关效率。在航运交易所基础上构建航运信息大数据平台，为利益相关者提供实时信息服务。在黄埔临港商务区基础上构建航运经纪和中介服务机构。

四是构建航运人力资源体系。航运高端服务业需要各层次的人力资源做支撑，从其构成看，居于航运产业高端的是航运交易及其服务业人才，包括航运金融、海事保险、海事仲裁、海损理算、航运交易、公证公估、航运专业机构、海事教育院校等从业人员；居于航运产业中端的是海运业人才，包括邮轮经济、货物运输、船舶租赁、拖船作业等从业人员；居于航运产业下游的是港口服务业人才，如码头服务、集装箱堆场、仓储服务、货代、船代、报关、船舶供应服务、内陆运输服务、船员劳务等从业人员。广州要在现有基础上大力培养和引进各层次的人才，尤其是高端人才，尽快聚集航运高端服务业要素。通过加大广州航海学院建设，提升其服务行业和国际航运中心建设的能力和水平，使之成为广州国际航运中心的重要的教育与培训机构。通过设立南沙自贸区研究院博士后流动站吸引高端人才，制订航运专才计划。建立起政校行企共建来自海内外各类人才聚集的广州国际航运研究中心机构。

4. 竞合共赢战略

珠三角地区港口都各具优势，作为国际航运中心的香港基建设施完备、交通信息便捷、运输物流服务发达，金融、资金、技术雄厚，加上香港港口业的经营管理优势，香港将在相当一段时期内继续作为珠三角地区港口发展的龙头。与香港相比，深圳港的优势主要体现在运营成本低、靠近经济腹地、便于货运安排等方面，深圳港近几年以年均两位数的速度增长，让世人惊叹奇迹般的深圳速度的同时，也给香港带来不少危机感。但不容忽视的是，挂靠深圳港口的集装箱船舶90%以上仍然同时挂靠香港，港口集装箱吞吐量中有约1/5的箱量属于香港驳船支线。因此，深圳港将继续作为香港的补充，是珠三角地区的枢纽港。广州港口货源稳定，港口功能齐全，港口集疏运条件优越，与深圳港和香港港口合理对接，既符合国家制定的粤港澳湾区战略，也是广州发展的现实。

广州国际航运中心建设要突破行政地域意识，加强与珠江三角洲港口群的合作，要有"组合港""友好港""合作港"的理念，竞合并存，走向共赢。加强竞争港口之间的合作，尤其是港口集群内部的合作，是防止港口在发展方面和经营方面过度竞争，合理利用港口资源，达到共同发展的有效手段和必然选择。要在防范风险的前提下尽可能地扩大合作领域：可采用股份参与的方式降低投资风险，合理统筹安排港口资源的使用；要防止低级的、恶性的价格竞争，根据市场实际情况制定合理的收费标准，并予以公布，保证港口的正常收益和健康发展；共同携手开发新的服务项目和开拓、培育新的市场，去获取更大的盈利空间；在港口群内广泛开展交流合作，在管理水平、技术开发、人才培养等方面进行合作，提升港口群整体竞争力，达到共同发展的目的。

5. 航运文化导向战略

航运文化是指人类在航运过程中所创造的物质财富和精神财富的总和。真正的竞争力来源于文化的影响力和感染力。综合实力是由硬实力和软实力构成的，没有软实力的支撑，即使短期内经济实力得到了发展，但长久来看，也难以形成可持续的发展。国际航运中心的发展将由自然条件逐渐转向依托当地的社会体制和传统文化。航运业国际化特征明显，国际惯例、行业风俗、航运组织的影响无处不在，国际航运业的游戏规则深刻影响着航运业的发展。广州国际航运中心建设实施文化战略，培育文化软实力，一是通过举办"中国航海日""世界海员日"等节日活动，建立广州海事博物馆，有计划地开展航海知识培训，展示航海文化以及广州历史悠久及其独特的航运历程和影响力；二是成立船长俱乐部、船员协会等航海人的组织；三是研究航运业国际惯例与航运中心建设的融合，体现开放、自由、包容，体现国际化。

6. 机制体制改革战略

建设广州国际航运中心需要处理好与香港、深圳、珠海等港口之间的关系，需要国家、省有关单位的支持，需要市区各部门的协调与配合，涉及机制体制等方方面面。一是成立省发改委、交通厅、广州港务局、珠三角相关市区联动的协调机构，从更高层面协调事务；二是组建大港务局，融入一些口岸、海关、商检、海事等职能，提升便利性与操作性；三是建立智囊机构，提供咨询服务；四是建立统一的信息服务平台，提供"一站式"日常服务与管理工作。

广州航运的历史演进及启示

乔培华　马英明

(广州航海学院航海文化研究中心)

广州处于南海中央避风处,又位于东江、西江和北江汇流出海口,正好是珠江三角洲的中心。随着社会历史的发展,以广州为轴心,形成一个纵横南海,贯通西、北、东三江,兼带岭北的巨大水上运输网络。由于具有如此便利畅达的航运条件,广州有着繁盛的海上贸易,成为海上丝绸之路的节点,自古至今都是全国举足轻重的对外贸易口岸与交通枢纽,两千年来保持着中国繁华商埠的地位。

一、古代广州航运独领风骚

早在新石器时代,广州这一带就有"百越人"活动,有人类活动的历史超过4000年。广州亦是千年不衰的最重要的水陆交通枢纽。广州北接南岭山地,南临南海,形成一个向南方海洋倾斜的大斜面,西江、北江、东江在此汇流入海,具有河港、海港兼备的地理优势。随着生产力的日渐发展,又有南岭山系之间的河谷盆地被人们逐步开通,使广州与中原的交往日渐频繁,梅关隘道、滇水谷地、武水谷地、连江水道、湘桂通道等,成为南北交往的重要通道。广州在先秦时期就有许多关于水上泽居、迁徙、商贾、军事活动的记载,有文字记载的历史可以追溯到公元前两百余年。在周朝,这里的"百越人"和长江中游的楚国人已有来往,与南海沿岸各地亦已有海上交往。

广州地区官方大规模的航运,发端于秦汉时期。秦始皇平定六国之后,为了统一全中国,派遣了五路大军南征,下汉水,入长江,过洞庭湖,在湖南零陵县和广西兴安县之间开凿了灵渠,引湘水入漓江,把长江和珠江直接联系起来,打开中原地区通往南越地区的通道。而同时期,广州的造船技术发展迅猛,如广州中山四路秦汉时期的造船工场,可以制造数十吨位的木船。到两晋南北朝时期,航海已能使用星宿定位和借助信风技术在深海区远航。如此,广州地区的商船已能从番禺出珠江口沿着海岸线作长距离航行,经徐闻、合浦与东南亚各地进行贸易往来。晋代以后,则远达印度洋沿岸、阿拉伯海、红海、波斯湾。这样,秦汉以后,中原地区的丝绸、布帛、金银铜器皿、铁器、瓷器、漆器,南越沿海地区的象牙、犀角、翡翠、珠玑、玳瑁等珍贵特产,沿着秦始皇开辟的通道南来北往,对发展古代南越地区的经济、文化起到重要的作用。

隋唐时期广州通海夷道获得飞速发展。隋王朝十分重视海上交通,而唐代进一步推行对外贸易自由开放政策,鼓励民间海商积极参与。同时,唐代开元年间开凿了大庾岭通道,使北江与江西的赣江及中原地区的大运河相连接,构成贯通中国南北的水上运输大通道,促使南北商贾往来空前繁荣。而此时的广州也成为船舶制造和维修中心,其中有不少外国船舶还是在广州制造的,这是中国造船技术和航海技术发展的第二个高峰。大庾岭通道的开发使得江西成为广州通海夷道的重要经济腹地。江西是古代中原通往岭南和闽粤地区的交通要冲,中原到东南沿海地区多取道赣江水路上溯至大庾岭(即梅岭),过大庾岭进入广东南雄。江西因此成为闽粤桂湘等省通达运河的要道和物资运输的重要集散地。历史上,景德镇、樟树镇、吴城镇、河口镇等水乡重镇成为连接海上丝绸之路贸易内陆延伸的重要货物集散地,各地货物由此转运出洋。千百年来,赣江、信江、鄱阳湖等多条"黄金水道",为中国与世界其他国家和地区的经济、文化交流做出了巨大贡献。广州在唐代成为世界性的东方大港,被海内外视为"金山珠海"之地。广州通海夷道因其输出的商货均以丝绸为主,故后世又称之为"海上丝绸之路"。其实,广州的出口商品除了丝绸之外,其他如陶瓷、漆器等传统手工艺品,工艺更精,品种更多。而且,随着广州通海夷道的开辟和海外贸易地区的扩大,商船往来增多,不少外国商人在广州经营珠宝生意,吸引各地客商前来交易,形成国际性的珠宝市场,广州也迅速发展成为世人瞩目的国际性港市。

宋元时期,广州作为中国第一大港的位置被泉州替代,但广州仍然是中国第二大港。宋朝政府对珠江水系进行大力整治,包括修建堤围、疏凿北江和整治大庾岭山道等,为广州地区内河运输的发展创造了条件。广州的造船和航海技术在这个时期进一步发展,广州海舶使用指南针技术比西方早了百余年,船舶制造的龙骨技术、钉接榫合技术和水密舱技术等也达到当时世界先进水平。宋元时期,广州海上运输非常活跃,可谓"番舶聚集之所,宝货丛集之地"。尤其从广州出口海外的陶瓷贸易空前繁荣,对外贸易增添了"海上陶瓷之路"。

明代实行禁海闭关及海防备战体制,严禁民间从事海外贸易。嘉靖年间,广州更是成为当时全国外贸唯一的进出口岸。在广州,由政府控制的贡舶贸易,由于实行"厚往薄来",重政治、轻经济政策,得到很大发展,因此也吸引和笼络了一些海外国家。此时期广州的航运网络得到很大发展。明代政府继续整治珠江三角洲水网航道及西江、韩江水道，采用"联围筑闸、塞支强干、束水攻沙、加深加宽"的办法，把防洪、防潮与浚深航道结合起来，并在主要港湾及河流上，根据物资集散的需要设置港口、津渡或码头。这样，广州港由于兼有海河港市的功能，带动临近地区也日渐建成一批集散商货的城镇，形成港市合一、大小港口相互配套的航运网络。16世纪，葡萄牙人通过贿赂的方式获得明朝政府默许在澳门长期居留贸易。葡萄牙人来到澳门以后，开辟澳门到长崎的航线，同时经营澳门—马六甲—果阿—欧洲，以及澳门—马尼拉—美洲的线路。当然，葡萄牙人开拓的世界贸易网络是一种转口贸易。因此，明代后期会有大量白银流入中国，当时白银是整个世界贸易体系中的重要货币，即所谓的"白银资本"。隆庆元年，为缓和矛盾，朝廷便逐步改为有限制的开海贸易政策。一是在广州实行引票制。经官府审查批准，领取引票后，才准出洋经商，否则被视为非法贸易而遭取缔。二是对外国进来的商舶，改普通抽分制为大抽分制，即除按货物多少收取进口税外，还要征收"固定吨位税"（水饷）。

清初再次在沿海实行严厉禁海政策。乾隆年间，清朝整饬海关，指定广州为全国唯一的对外通商口岸，实行"一口通商"政策，客观上促进了广州对外贸易的发展，全国的进出口商品均在广州吐纳，因而使广州的航运交通呈现前所未有的繁荣景象。由于朝廷开放广州一口通商是为了更好执行全国性海禁，所以广州的一口通商是被动型的贸易，出海巨舶均为西洋帆船，由广州十三行专揽，贸易交流的深度及广度都不及宋元时期的广州。这种被动型的外贸也导致清中后期广州内河航运日渐没落。清代民间出海谋生被垄断，为了生存，人们只能与海争田，故堤围修筑迅猛发展，沙田开垦进入前所未有的历史时期。沙田的开发导致珠三角的出海航道日渐淤塞，珠江河面缩减了10倍，广州港不断外移，由上下九一带移到现在的珠江口。

广州的一口通商地位一直延续到鸦片战争前夕，在这繁华热闹的背后，遮盖了广州航运能力已日渐落后于世界的事实。

二、近代以来广州航运曲折前行

鸦片战争后，清政府与英、法等国家签订了不平等的《南京条约》《天津条约》，割让了香港，开辟五口通商，把关税的制定权、海关自主权和水上管理权都拱手让给了外国人，使外国商船大量涌入。许多外国船公司借此抢占航线，垄断货源，降低关税并大量地进行偷税漏税，从事走私贩私鸦片、贩卖人口、牟取暴利的罪恶活动，造成近代广州的航运交通基本被英、美、法、德、日等国家的船公司所操纵。

抗日战争时期，广州沦陷，船商和船户均遭受惨重损失。抗日战争胜利后，广州的航运业有所恢复。但随着国民党发动内战，社会经济急剧变化，兵卡林立，土匪横行，苛捐杂税繁重，敲诈勒索猖獗，广州的航运业再次出现混乱，航线减少，运量大幅度下降。

广州解放前夕，国民党军队、官僚豪绅，更纷纷以封船为名，行劫持民船为实，利用占有的商船载运大量财宝、物资和家属逃离广州。很多商船为保存自己，冒险开出珠江口逃去香港、澳门避难。至广州解放时，广州的商船只剩下轮船及轮渡5艘，木帆船数十艘，广州航运事业一片凋敝。

三、新中国成立后广州航运恢复发展

新中国成立后，珠三角地区航运事业得到迅速发展，沿海建成了以枢纽港为主骨架的江海相连，内河建成了以干流为主通道的干支相通、大中小船舶和内外贸易运输并举的现代航运网络。但"文化大革命"时期，珠三角地区航运事业的行政机构、经营机制、管理制度均受到很大的冲击。总的说来，新中国成立之后至党的十一届三中全会这段特殊的时期，广州很难发挥出大港口的历史优势。

改革开放以后，国家对广东实行特殊政策、灵活措施，全省社会经济得到快速持续健康发展，水上运输事业也进入开拓前进、蓬勃发展的新阶段，组织结构、运输结构、经营机制、基础设施建设都发生了根本性的变化。广州对外贸易进入一个新的发展时期。由于历史优势和渊源，广交会成为中国对外贸易招商的大舞台。随着航运业的大船化趋势对深水港的要求，广州港也由河港转为海港，主力港由黄埔港移至珠江口几何中心的南沙深水港。广州航运事业在飞速发展的同时，也面临严峻的形势。一方面，水资源短缺，河道变迁，港湾淤积；另一方面，河流综合利用方针不能得到全面贯彻，部分河流通航的功能逐步衰退，公路、航空和轨道交通得到发展，各种运输方式市场竞争激烈。

在新世纪，广州港南沙港区得天时、地利、人和，为广东新一轮经济和社会发展助力。当前南沙新区迎来了国家新区与自贸试验区"双区"叠加发展的新阶段，广州又一次承担起为全国体制机制创新先行探路的新使命，为建设国际航运中心的宏伟大业扬帆起航。

四、历史启示

（1）广州是千年来没有中断海上贸易的重镇。广州作为海上贸易经久不衰的繁华商埠，和她具有广阔的经济腹地密切相关。秦时在广西兴安开凿的灵渠，奇迹般地把长江水系与珠江水系连接起来。唐时张九龄在大庾岭开凿拓展通往中原的通道，通过水陆转运连通北江与赣江，中原与岭南联系的路程大大缩短。这样，珠江航运横贯滇、黔、桂、粤、湘、赣六省，甚至可远达越南的北部。岭南以发达的航运触角，使得经济腹地延伸至中国大部分地区，所以自古以来广州海内外贸易十分发达，少有停滞。

（2）广州江海联运的不可替代性。广州地处亚热带沿海，地势北高靠南岭，造雨效应十分充沛，江河经常保持足够的水位，形成天然的"水上高速公路"。广州又南低滨南海，滔滔珠江水集结形成三条主干大江，即西江、北江和东江，在番禺城（古广州城）交汇流入浩瀚的南海。再则，广州辽阔的出海口正处于南海中央避风处，位于太平洋、印度洋和亚洲之间海上航路的要冲。因而，广州是中国极为重要的拥有独特江海联运优势的国际航运中心。

（3）航运兴则广州兴。广州除了港口辽阔畅通之外，更是有发达的航运触角连接广大的经济腹地，唐朝时广州逐渐取代徐闻发展成为海上贸易的重镇，成为海上丝绸之路的起点。在宋代鼎盛之时，广州仍然是中国最大的香料贸易地。即使在罢市舶行海禁的明代，广州也通过澳门的中转，与海外保持了繁盛的贸易往来，如隆庆开关。清代"一口通商"更使得广州成为中国对外贸易的代名词。

（4）河港转为海港。与上海港向外海发展不同，南沙港位于珠三角地理中心，附近多险滩、暗礁，地形险要，故必须整治广州通海水道，浚深河道，使巨舶自公海直通广州城。而发展海港城市尤其需要加紧建设运河连通珠江水系和长江水系。在东面开凿赣粤运河（珠江支流北江的浈水和赣江支流桃江仅相距数公里），大幅度减少航程，形成长江以南的南北水上交通大动脉。又应于西面开凿拓展连接湘江和漓江的桂粤运河，使云贵与珠江三角洲直达通航，资源地与生产地连接起来，加快泛珠三角经济区的一体化进程。

（5）广州发展的新方向是建设国际航运中心。在当今世界，以纽约、伦敦、巴黎、东京等为代表的滨海大都会区域正成为21世纪全球竞争的主角，正日益成为国家财富和综合实力的真实版图。广州作为国家中心城市，必须发挥滨海大都会所固有的航运影响力，承担在物流、贸易、会展、信息和高端制造业等方面的集聚、辐射和带动发展的创新责任，为广东建设海洋强省、实现伟大复兴的中国梦注入强大的蓝色推动力。

（6）航运与贸易融合发展。自古以来，广州就具有发达的港口和深厚的航运传统，带动广州城由一个避风港发展成为千年海外贸易国之重镇。尤其是1757年至1842年签订《南京条约》为止的85年间，除个别地区和特殊情况外，广州基本上是"一口通商"，垄断了全国的对外贸易。当时，全国进出口货物一下子汇集到广州，在广州旧城西城外的十三行商馆区建起了一幢幢给外国商人存货和居住的夷馆，华丽的西式建筑上面悬挂着各国的国旗，货船到港的时候，这一带外国人熙熙攘攘，穿着不同服装，操着不同语言，形成了一道特殊的风景。

当下发展航运经济又逢天时地利，自贸试验区与"一带一路"国家战略在广州融合，更要加快建设国际航运中心，构建国际航运中心、物流中心、贸易中心以及金融服务体系相互融合的格局。尤其最近30多年来，亚洲"四小龙"崛起，马来西亚等东南亚国家经济发展势头良好，广州与东南亚国家的交往和合作也将越来越深、越来越广。广州要通过广交会和各种展销会等平台，把东盟产品引进中国，同时也鼓励广州企业到东盟寻求合作机会；通过友好城市平台，加大广州与东盟的人员往来，加强双方在科技、教育、文化、卫生、旅游等领域的合作。

广州航运的历史演进及启示

广东现代运输船发展概论

陈建平　徐曼平　钟碧良

（广州航海学院）

新中国成立后，处于停滞状态的民族工业亟待恢复和发展，国内造船工业不仅关系到国民经济的发展，同时也是新中国海军建设的支柱产业。鉴于广东地处祖国南疆，濒临南海，发展船舶工业是国家保卫海疆、发展航运和渔业等的迫切需要，党和国家非常重视广东船舶工业的建设和发展。新中国成立以来，国内政治和经济的发展具有不同的时代特点，广东运输船舶也深深地打上了时代的烙印。下面分三个阶段来讲述广东运输船舶的发展概况。

根据民用运输船舶的范畴，本文根据各个阶段的特点将运输船舶分为客船（客货船）、驳船、水泥船、干散货船、液货船、集装箱轮和渡轮七个类别加以概述。

一、"艰苦创业"和"初步发展"（1949—1978 年）

（一）客船（客货船）

20 世纪 50～60 年代，珠江水系客船（客货船）是以"花尾渡"为代表。"花尾渡"产生于清末，是当时航行于珠江下游的一种较为理想的新式木质客货驳船，但"花尾渡"需要由拖轮拖带，航速较慢。

20 世纪中叶广东最具地方特色的平底木质客货驳船——"花尾渡"

1968年，粤中船厂首制自航内河客货船"红星123"号，有220个卧位，平均吃水1.6米，单机单桨，航速约每小时16公里。此后，又建造了20多艘系列船，均以"红星"系列命名。这是第一代"红星"型内河客货船，以"红星247"为代表。

新中国成立后，沿海客货船也得到了长足的发展。沿海客船主要有以下几个航线。

潮梅汕线：1967年初，汕头船厂设计建造90客位和115客位沿海短程客货船。

20世纪60年代新型客轮在潮梅航线

穗海线（"红卫"型）：1969年，文冲船厂建造的"红卫7号"轮，是航行于广州到海口之间的班轮。该轮为沿海航行柴油机客货船，钢质，双桨，为广东建造的第一艘沿海钢质客货船。1975—1979年间，文冲船厂又陆续建造了"红卫7号"的改进型"红卫9号""红卫10号"和"红卫11号"等，排水量为2235吨，载客525人，载货250吨。

广亚线（"广亚"型）："广亚"型客货船为1975—1978年间由广州造船厂设计制造，航行于广州、海口、三亚之间，船东为广州海运局。

琼沙线（"琼沙"型）："琼沙"型客货船为Ⅰ类航区钢质柴油机运输船，兼作临时医疗船，由广州造船厂1978—1981年之间建造。该型船为三桨、双舵，可载客219人，载货200吨，载淡水150吨，续航力3000海里，自持力12昼夜。航行于海南岛、西沙、中沙和南沙群岛之间。

（二）驳船

广东省处珠江水系中下游，河道纵横，航运发达，内河之中，驳船众多。驳船一般由拖轮拖带或用机动驳顶推。20世纪60年代中后期，大批量发展机动驳船，多数为"一顶一"，少量为"一顶二"型的运输船组。因受航道的限制，驳船尺度小，吃水浅，长宽比小。据统计，新中国成立后，广东建造的驳船有甲板驳、半仓驳和舱口驳三大类，共48个品种。以载货种类分，有货驳、煤驳、囤驳、油驳、泥驳、石驳、集装箱驳等。

20世纪60年代西江运煤顶推驳船组

20世纪50～70年代初，珠江水系的货运船舶以拖驳船队为代表。这个时期，广东内河基本上仍使用新中国成立前遗留下来的蒸汽机拖轮，以木质居多，钢质甚少，比较著名的钢质蒸汽机拖轮以大"东风"为代表，其蒸汽机和锅炉的体积重量较大，拖带力强，可以拖带1000吨级货驳逆水上行西江，也是拖带广州五大客运航线（广州至梧州、肇庆、江门、三埠、石岐）"花尾渡"的主力。

海洋驳船按照其用途分为两种：一种是以港口装卸作业为主的港口驳，其船长度受到一定的限制；另一种是以运输货物为主的运输驳，其尺度没有限制。这一时期的代表产品有：港口驳有新中国船厂建造的600吨、1200吨舱口驳，黄埔造船厂建造的2000吨舱口驳，珠江船厂建造的1000吨囤驳；运输驳有500吨、1000吨货驳，1800吨双壳驳，500吨油驳，等等。

（三）水泥船

三年自然灾害，国家资源紧缺，同时为了减少木材的使用，国家大力推广钢丝网水泥船的发展，在20世纪六七十年代，水泥船在广东得到了很好的发展和使用。

1959年，珠江船舶修造厂试制成首艘30吨钢丝网水泥船后，广州、南海、顺德、汕头、揭阳、江门、湛江等地船厂相继制成5吨、10吨、20吨水泥驳船和200吨沿海氨水驳船。1969年，南海船厂建造出广东省第一艘250客位的水泥客货船"红星228"号；1970年，揭阳船厂建造出广东省第一艘沿海水泥货船，载重量为600吨的"奋进"号（1980年改称为"粤海501"号）；1972年，南海船厂建造出全省第一艘108马力的水泥拖轮。

20世纪70年代的水泥船

（四）干、散货船

新中国成立后，随着广东造船造机业的发展，内河机动驳的出现，极大地推动了珠江水系内河货船的发展，进而带动了沿海货轮和远洋货轮的进步。

内河机动货船主要有甲板、半舱、舱口和顶推四种类型。20世纪60年代中后期，针对东江和北江浅水河道的特点，建造出50吨级水焗型机动甲板驳货轮；针对西江干流和珠江三角洲河道较深的特点，建造出120吨级水焗型机动甲板驳货轮。内河顶推货船，70年代设计出优良的"一顶一"顶推船组，主要有五种类型："团结—胜利"船组（50吨货船顶65吨甲板驳）；"大团结—胜利"船组（80吨变吃水货船顶100吨变吃水甲板驳）；"前进—粤江"船组（110吨货船顶625吨甲板驳）；"大前进—粤江"船组（200吨货船顶400甲板驳）；西江上游干支流顶推船组（40吨货船顶50吨甲板驳）。"一对一"顶推船组是具有广东特色的优良船型。

新中国成立初期，沿海运输货轮主要是原招商局和民营轮船公司船舶，其中招商局"登禹"轮，具有3200吨载重量，是当时广东最大吨位的货轮。随着国内造船业的发展，广东沿海干、散货船也得到了长足的发展。1955年，汕头船厂建造1艘100吨级木质沿海货船。20世纪60年代，广州造船厂、文冲船厂、江门船厂等批量建造了50吨、100吨、150吨和200吨级沿海、近海货船。1968—1970年，广州造船厂建造800吨级沿海货船，批量共9艘。20

20世纪60年代西江顶推船队，具有运量大、运输货种多、成本低的特点

世纪70年代，新中国船厂、文冲船厂等批量建造了400吨、600吨、1000吨等沿海货船。1975年，从香港益丰接收的"红旗101、红旗103、红旗104、红旗105、红旗106"5艘三岛式柴油机货轮，是广州沿海运输中最早出现的万吨级货轮。

远洋运输货轮，在新中国成立后也开始由无到有、由进口到自己制造。20世纪70年代，广东沿海及远洋货轮主要是"红旗"系列，其中"红旗163"轮为大连船厂制造，是广东最早的远洋国产货轮。1971年，广州造船厂开工建造"阳"字号万吨级远洋货轮，标志着广州船舶工业跃上新的台阶。该型船共建造7艘，为13000吨级。

华南地区第一艘万吨级远洋货轮"辽阳"号（1971年，13000吨级）

（五）液货船（油船）

新中国成立前，广东沿海基本没有油轮运输。新中国成立后，直到1967年，上海沪东船厂为广州海运局建造了"大庆202、大庆203、大庆204、大庆205"4艘300吨级油轮，是广东最早拥有的油轮。"大庆"系列油轮是广东油轮的主力船型。1971年，广州远洋运输公司接收退役的2.05万吨"大庆230"油轮，是广东最早的万吨级油轮。1976年，中国远洋移交给广州远洋的"大庆250、大庆251"油轮，是广东最早的4万吨级以上沿海油轮。1977年，天津远洋移交给广州远洋的7.1万吨级"大庆252"号油轮，是当时国内载重吨级最大的沿海运输油轮。广东本土建造的液货船（油轮）主要有油船、供水船、成品油船、化学品液货船等几类。1957年，广州造船厂首次开工建造300吨沿海油轮。1957—1965年间，黄埔造船厂建造了600吨油船、水船各一艘。1966—1968年间，粤中船厂、省渔轮厂建造援越的50吨级油船共80多艘。1967年，广州造船厂建造600吨供水船，1970年建造600吨油船，1974年建造1000吨油船。同期，新中国船厂建造600吨油船和600吨水船。1976年，六机部指定新中国船厂为1000吨级油船的顶点批量制造厂，在1976—1982年间，该厂共建1000吨级油船24艘，1000吨级水船8艘。

"红旗121"号油轮

（六）渡轮

作为接驳渡口的小型机动渡轮在新中国成立后亦迅猛发展。这些小型渡轮，各地方船厂都有生产。代表性的有，1967年广州造船厂建造的2艘42米的火车渡轮。其后，湛江、江门、汕头、揭阳、新会等船厂，分别建造了4车、8车、12车渡轮，其中江门船厂建造出21车轮渡，1006吨排水量，882匹马力。

1976年建造的汽车滚装船"康安口"轮

二、"扬帆起航"——1978年至20世纪90年代

党的十一届三中全会以后，我国进入了新的发展时期，坚持以经济建设为中心，坚持改革开放，国家经济实力迅速增强。广东船舶逐步从封闭走向开放，立足国内，面向世界，不断扩大与世界航运和造船界的交往，面貌发生了巨大变化，取得了显著成就。

（一）客货船

改革开放后，随着内河客运的兴起，尤其在珠三角经济高速发展的地区，客源逐年增加，广东内河客运船舶发展迅猛。

由于第一代"红星"型客货船吃水较深，不能常年航行于东平水道，1980年，江门船厂建造了第二代"红星"型客货船代表船"红星389"。第二代"红星"内河客货船吃水不超过1.4米,可常年航行于东平水道广州至梧州航线。

1985年,广东省船舶设计院设计出新一代珠江水系客货船,称为珠江水系第三代客货船。与第二代"红星"轮相比,珠江水系第三代客货船设有空调房间,大大改善了旅客的乘坐条件。该型船首制船由江门船厂建造,名为"粤华"号。

1987年,江门船厂建造第四代客货船首制船"荣华"轮。该轮为单头双尾、双机、双桨,设有2人和4人空调房间共52个卧位,大统舱300个卧位,配有空调餐厅。

1987年,广东自行建造的第一艘双尾客轮"荣华"号

除了内河客货运的迅猛发展外,广东沿海客货运输更是得到了空前的发展,主要体现粤港澳航线、广东沿海以及广东与海南航线运力的提升和船型的更新换代方面。

华南线客货船:1982年,广州海运局购进日本全通船楼型客货船"紫罗兰"轮,4000吨级载货量,772客位,续航力17700海里。这是广东航行沿海南北线的第一艘客货船,也是广东沿海运输历来吨位最大、载客最多的客货船。1983年到1984年间,华南南北航线新增"华南"型客货船"马兰"号和"山茶"号,为广州造船厂建造,260吨级载货量,600客位,续航力1500海里。1984年,沿海南北航线又新增"长征"型客货船"万年红"号和"珍珠梅"号,为当年沪东船厂建造,1900吨级载货量,720客位,续航力3500海里,航速17节,是广东沿海客货船中航速最快的船舶。

1985年,广州海运局从希腊造"红棉"号和"红菊"号滚装客货轮2艘。其中,"红棉"轮为1500吨级载货量,476客位,可载60辆小汽车;主要航行于广州至海南航线。

港澳线：1978年改革开放后，沉寂多年的港澳客运又重新活跃起来。1978年，首先恢复了中断达30年之久的黄埔—香港航线，之后，广州—香港、汕头—香港、肇庆—香港陆续恢复通航。1980年，"星湖"号和"鼎湖"号客轮投入运营。1981年，"明珠湖"号和"银洲湖"号双体快速客轮投入使用。1983年，"南湖"号客轮开通湛江—香港、海口—香港航线。以后，"潭江"号客轮、"西江"号客轮、"流花湖"号客轮、"逸仙湖"号客轮陆续开通广东各地至香港的航线。1985年，广州造船厂建造2艘穗澳双体客轮，可载客194人，航速11节。

1975—1983年间，广州造船厂先后建造"广亚"型、"琼沙"型共11艘。1983年，新中国船厂建造250客位沿海客轮"西江"号。1984年，江门船厂建造240客位客轮"潭江"号。1985年，新中国船厂建造一艘双体海峡客轮，载客400人，航行于海安与海口之间的琼州海峡。1986年，新中国船厂建造200客位"上川旅游01"号客船。1986年，文冲船厂建造万吨级远洋教学实习船"育龙"号。

1986年，文冲船厂建造的万吨级远洋教学实习船"育龙"号

（二）驳船

1983—1986年间，广州各航运单位成批建造钢质半舱型货驳，共计80吨级的45艘、120吨级的75艘、200吨级的13艘、300吨级的15艘、500吨级的2艘。其他地区也建造出25、30、40、50、60、65、100、120、150、200吨级驳船。

随着80年代广州至香港集装箱运输航线的开辟，囤驳和集装箱驳陆续发展起来，主要有300、650、950、1000、1200、1400吨级，其中950吨级以上一般都配有30～45吨长臂起重机。

泥驳在80年代也得到了很大的发展，主要在泥驳上设有发电机组，由电动机带动机械来开关泥门。80年代后期出现了500、1000立方米开体泥驳用电液压机械使泥驳的两半体呈八字形分体，大大提高了卸泥效率。

由于沿海航运的运力大大提高，沿海驳船也取得了很大的进步。其中大吨位的运输驳建造吨位达到2000吨级，由黄埔造船厂制造。

1982年，粤中船厂建造的500立方米对开式泥驳

（三）水泥船

随着国家社会经济的日益发展及钢材市场的逐步市场化，船舶建造的吨位也越来越大，水泥船的劣势逐步显现，慢慢被淘汰，到20世纪80年代后期，基本上不再有船厂生产水泥船了，水泥船逐步退出历史舞台。

（四）干、散货船

20世纪70年代末，由于珠三角内部经济互联互动开始频繁，广东珠江内河航道运输繁忙。在"团结"号和"前进"号机动货驳的基础上，广东内河顶推货驳得到空前发展。自载110吨的"前进"号机动货驳与300吨（或400吨）"粤江"号货驳、自载50吨的"团结"号机动货驳与65吨"胜利"号货驳、80吨变吃水的"大团结"与100吨变吃水的"粤江"号货驳，40吨机动驳与50吨驳干支直达船型先后组成顶推船组投入营运。80年代后期又研制出200吨货船顶推625吨驳船组。顶推货船组成为广东内河高效的运输形式。

改革开放的直接表现就是区域经济的联系日益增加，同时内部经济与外部经济的交流开始活跃。这样对广东沿海运输能力有了进一步的要求。

1978年开始,江南船厂为广州海运局建造了14艘1.6万吨级单甲板尾机尾驾、柴油机散货轮,是广东沿海及至远洋国内新造万吨级货轮。1980—1981年间,广州海运局从南斯拉夫新建造5艘4300吨级同型杂货船。1980—1985年间,黄埔船厂建造的8艘3000吨级同型杂货船包括"红旗167-169"轮和"红旗193-197"轮陆续投入使用。在整个80年代前期和中期,新增沿海船型主要以千吨级为主。"罗浮山"轮是从瑞典购入的万吨级散货轮,满载排水量为65798吨。

5000吨级沿海货轮"红旗088"(1981年)是文冲船厂建造的第二代海洋运输船舶

80年代中后期开始大量建造万吨级散货轮。江南船厂为广州海运局建造了6艘1.85万吨级散货轮,该型船为我国80年代新造的主力船型。1989—1990年间,大连船厂新建的"华蓉山""碧华山""万寿山""东平山"和"沂蒙山"以及渤海船厂建造的"大明山"和"大别山"共7艘3.8万吨级散货轮投入到广东海运局运营,这些船型称为当时主力经济型船型。1990年从丹麦购入的"大罗山",为6万吨级散货轮,是当时广东最大吨级的沿海运输货轮。

90年代以后,广州海运局在广州造船厂、上海船厂建造了"岭"字系列散货轮,即"威虎岭""梅花岭""仙霞岭""凤翔岭""青云岭"等5艘,为1.9万吨级。1991—1992年间,由罗马尼亚建造的"堡"字系列("英堡"

"星堡"等）共6艘4300吨级多用途杂货船投入使用。以后又有"山"字系列散货船陆续投入广东海运。

而广东远洋运输主要由广州远洋公司管理。70年代后期，随着中国外贸运量的增加，特别是广东作为中国改革开放后商品进出口的重要口岸，提高运力势在必行。从80年代前后开始，广州远洋公司主要从国外订造大量远洋货轮，广州造船厂在此期间也为广州远洋公司建造了"阳"字系列13000吨级散货轮共7艘，这是广东首次建造万吨级货轮。80年代中，广州造船厂还建造了多型万吨级干散货轮，有出口香港的18000吨散货轮（1981年），为国内建造的15000吨、20000吨散货轮，15000吨多用途船，以及出口孟加拉国的16500吨多用途船（1987年）。90年代后，广州远洋散货轮主要是"江"字系列和"城"字系列。

第一艘出口散货船（1982年，18000吨级），华南第一艘万吨级出口散货船

（五）液货船（油船）

改革开放后，广东沿海油运发展迅速。1978年和1981年，"大庆216""大庆218"轮5200吨级加盟广东沿海油运。

1985—1988年间，"大庆257""柳河""锦河"等国产油轮投入使用，该型油轮为6.1万吨级。其中"大庆257"轮是大连船厂1985年建造，是广州第一艘国产6万吨级沿海油轮。"柳河""锦河"轮为江南船厂建造。到80年代末90年代初，广东沿海油轮基本形成"河"字系列和"池"字系列船型。1991年，保加利亚建造的成品油轮"金泉"轮投入广东沿海运营，成品油轮为"泉"字系列。

1984年建造的广远"汤泉"轮

在广东建造的油轮方面，1988年，广州造船厂为香港万邦航运公司建造25500吨级成品油轮2艘，这是广东首次出口万吨级油轮。

（六）集装箱轮

集装箱轮的兴起主要是由于改革开放经济外联，特别是港澳贸易所致。1979年，广州造船厂开始涉足集装箱的生产。广东珠江内河集装箱轮主要是由多用途货船和驳船演变而来。1984年，粤中船厂建造出广东第一艘320吨内河集装箱船。80年代中期后，由粤中船厂、江门船厂等建造的载重量为300吨至1600吨、装箱数为24标准箱至80标准箱的集装箱多用途货船与驳船陆续投入使用。其中300吨、600吨级货船，750吨、1600吨级驳船入选1991—1995年全国内河运输优秀船型，这些集装箱运输船称为航行于珠江水系与港澳航线的重要船型。

远洋集装箱货轮在改革开放之前几乎为零。1973年，中远广州公司购进428标准箱"广河"半集装箱轮，为广东首艘集装箱货轮。80年代后，广州远洋公司重点发展集装箱船型，主要有"河"字系列船型。90年代后，加大发展集装箱轮,主要建造了 8 艘第四代大型集装箱船。1992—1995 年间,文冲船厂为广州远洋公司建造了 4 艘 700 标准箱集装箱船("盛河""琼河""磐河"和"艳河"轮)。

80 年代和 90 年代,广东地区制造的出口型集装箱货轮也取得了长足的进步。1981—1984 年间,广州造船厂建造出口美国公司的 11100 吨集装箱船,属于第三代集装箱货轮,是广东省第一次按照国际标准设计、建造的万吨级远洋货船。1995 年,文冲船厂陆续为德国制造 1200 标准箱集装箱轮。

第一艘出口型集装箱船(1981 年,11100 吨级),首次采用外国规范及相关国际规则

(七)渡轮

改革开放后,随着社会经济的高速发展,广东珠江水系的桥梁建设加快,许多河道渡口逐步停止营运。1990 年,广州造船厂设计、新中国船厂建造中国第一艘双层双体汽车渡轮"虎门渡轮 52-01"号。

三、"驶向大海"——20 世纪 90 年代末至新千年后

20 世纪 90 年中后期,中国改革开发的步伐明显加快。特别是进入新世纪以来,全球经济一体化进程加快,国际贸易日益广泛,这些都要求船舶运输业能够跟上经济发展的步伐。随着中国科技水平的提高,中国制造业水平也得到了长足的进步,其中,中国的船舶工业也获得了空前的发展。2010 年,中国世界造船份额位列世界第一位,已能够自主设计建造 30 万吨级超大型原油船

和8000箱级超大型集装箱船，并已成功进入液化天然气船建造市场，打破了少数国家的垄断。目前，除豪华游船等少数船型外，中国已经能够建造符合各种国际规范、航行于任何海域的船舶。以广州造船为代表的、作为中国三大造船基地之一的广东船舶工业也呈现出良好的发展势头。作为改革开放的排头兵，广东陆地交通公路、铁路网日趋完善，往日喧闹非凡、交通繁忙的珠江水系水运系统不再占交通运输的主导地位，同时，由于外贸进出口业务的扩大，远洋业务得到很大的提升。所以，下面重点阐述客货船、内河货船、散货船、集装箱船、油轮等五种船型的情况。

（一）客货船

内河客船：20世纪80年代后，广东全省铁路、公路发展迅速，改渡为桥及汽车运送的条件逐渐成熟。进入90年代，广东等级公路和高速公路飞速发展，全省水路客源骤降，原称为"黄金水道"的西江各航线先后停航。期间，珠航公司开发高速内河客运，先后建造了"贵华"和"兴华"2艘空调豪华客轮，航行于广州至广西贵县。这是广东省航行西江定期客运航班最长的航线，也是最后的航线。内河高速船代表船型有1990年的"飞鱼"号、1992年的"风行一号"，航行于肇庆至梧州之间。由于成本高企和陆路客源竞争，内河高速船到90年代末也基本退出了历史舞台。

沿海客船：90年代以后，沿海客船除了发展旅游客轮外，其他都逐渐停航。旅游客船的代表船型为从穗澳线和穗港线退下的"东山湖""香山湖"和"星湖"轮的改装船。

港澳客运：1993年以后，由于广珠、广深高速的开通，穗港澳水路客源逐年下降，"东山湖"和"香山湖"在1996年停航。1998年"星湖"轮的停航，宣告了粤港线的终止。

黄埔船厂建造的162客位全铝合金高速客船

高速客船：在改革开放日益深化、运输市场竞争激烈的情况下，粤港澳三地双体高速客轮迅速崛起。以"明珠湖""银洲湖"和"流花湖"为代表的客轮，为粤港澳三地提供了快捷、舒适的交通。90年代中后期，在这些高速船中，载客量最大、航速最快的为南沙至香港的"南沙28"号轮，航速达到42.5节。1992年黄埔船厂建造的162客位铝合金气垫船投入运营，这是我国自行设计建造的第一艘全铝合金高速客船。

（二）内河货船

据统计，到目前，珠江水系广东省拥有各类船舶23774艘，平均151.5总吨/艘。主要运输船舶类型有普通货船、集装箱船、砂船、油船、化学品船、客船（含客渡船）。

珠江水系三角洲地区、西江干线和各支流航道条件各不相同，因此，适合各航道条件的船型各具不同特点。西江干线船舶多以运输煤炭、水泥、砂石料等大宗货物为主，运输时效性要求不高。运输船舶以干散货船为主，航速要求不高，但追求载货量大。货船多为圆形船艏（当地称为"西瓜头"），无艏柱。珠江三角洲地区航道条件好，多为千吨级海轮航道和内河三级航道，船型特点是吃水较深，船型相对肥大。典型船型情况如下：

集装箱船：集装箱船船长基本在50米以内，吨位小于1000总吨，船型主要是平底、方形。因从珠江三角洲到香港运距较短，所以航速不是主要追求目标。

油船：油船呈大型化发展趋势，船型主要有700、1200、1300、1800载重吨级。船东追求的是经济效益，要求船舶装载量大、能耗低，而航速不是主要追求目标。

砂船：自卸砂船是一种兼有自航货船和自航工程船特点的新型船舶，随着珠江三角洲航道以及西江、北江、东江航道条件的改善，近年来自卸砂船呈大型化发展趋势。目前，西江的运砂船从1000吨级发展到2000吨级并逐渐向3000吨级发展。普通砂船多为200～500吨级，主要到珠江三角洲地区，千吨级以上则从事港澳线或到深圳港的运输。

（三）散货船

作为三大主力海运船型的散货船，主要是输运大宗矿石和煤炭，船型朝大型化方向发展。目前，广东沿海航运主力广州海运集团，拥有2万吨级以下、2万吨级、3万吨级、4万吨级、4.8万吨级、5.7万吨级、7万吨级等散货轮。从事远洋运输的主要有广州远洋公司和广州海运集团，拥有完整的灵便型、巴拿马型、好望角型、VLOC（大型矿砂船）等散货轮。

目前最大散货轮"中海兴旺"（2009年，23万吨级）是华南地区目前制造的最大型散货船（该船是一艘远洋航行、单桨、单柴油机驱动的矿砂船，它适合载运矿砂并可以同时载运煤）

（四）集装箱轮

目前，广东地区所从事的内贸线、内支线和沿海航线多采用载箱量2000标准箱以下的第一、第二代集装箱船舶。从事远洋干线主力运输的集装箱船型多为3000～6000标准箱的第三、第四、第五代集装箱船。

1700标准箱集装箱轮系列船（2002年）是华南地区在国内乃至世界同型集装箱船中最为成熟、最为先进、具有代表性的作品（该型船已经制造出批量近40艘，出口德国、英国等国家）

（五）油船

随着国内原油需求的增加和造船技术的进步，油轮也朝着大型化的方向发展。目前在广东地区从事油轮业务的主要有中外运等公司，主要从事原油、成品油、LPG（液化石油气）以及 LNG（液化天然气）等货物的运输，主力船型有 VLCC（超大型油轮）、30 万吨级、11 万吨级、7 万吨级和 5 万吨级油轮，成品油轮，等等。

VLCC"新浦洋"轮（2009 年，308000 吨级）是华南地区目前制造的最大型巨型油轮（该船是一艘远洋航行、单桨、单柴油机驱动的原油船，它适合载运闪点低于 60℃的原油）

广东航运服务集聚区建设研究

唐强荣

（广州航海学院　海运系）

广东航运服务集聚区建设是促进广东航运服务业快速、健康发展和转型升级的政策工具，是提升广东航运要素配置能力和航运服务业竞争优势的有效途径。但是，广东航运服务集聚区建设需要识别驱动广东航运服务集聚区形成与发展的动力和动力机制。通过培育和优化航运服务集聚区的动力机制，处理好不同发展阶段政府的他组织动力和市场的自组织动力之间的关系，整合广东产业基础、产业规划与政策、产业转移与转型升级、区域经济合作等动力因素，把现有航运服务要素资源转化为广东航运服务业的竞争优势，增强广东航运服务集聚区的集聚效应与辐射效应。

一、广东航运服务集聚区的集聚动力与动力机制

（一）集聚动力

根据产业集聚区理论，广东航运服务集聚区的集聚动力包括源动力和外部动力。见图1。

1. 源动力

广东航运服务集聚区形成与发展的源动力是航运服务产业发展的内在资源与能力，是航运服务集聚区形成与发展的根本动力，它可促进集聚区内企业的自主发展和产业链的自主生成。根据欧洲航运集群发展的经验，广东航运服务集聚区的源动力应包括网络、企业家精神与创新、研发与教育、运营经验、商业合作、资本进入等因素，主要体现为广东的产业基础。

2. 外部动力

广东航运服务集聚区形成与发展的外部动力是航运服务产业发展的外在资源或有利因素，是航运服务集聚区发展的重要推动力量。根据我国政治和经济发展背景与广东经济发展战略，广东航运服务集聚区的外部动力应包括产业规划与政策、产业转移与转型升级、区域经济合作等因素，主要体现为政府政策与发展战略。

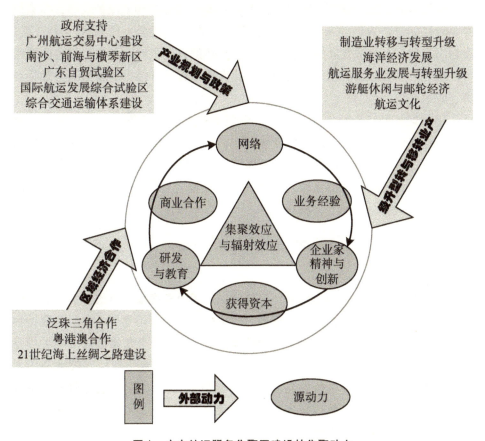

图1 广东航运服务集聚区建设的集聚动力

（1）产业规划与政策。产业规划与政策是广东航运服务集聚区建设最为关键的外部动力。根据国际航运服务集群经验，政府通过产业规划与政策，营造有利于航运服务业发展的软环境，能够驱动航运服务要素在集聚区的集聚与发展；特别是在集聚区初始形成阶段，产业规划、扶持政策、税费优惠、行业管理体制改革、基础设施建设等措施往往是集聚区形成的初步动力。根据广东经济和航运服务业发展的背景，产业规划与政策驱动因素包括政府支持、广州航运交易中心建设、南沙前海与横琴新区、广东自贸试验区、国际航运发展综合试验区、综合交通运输体系建设。

（2）产业转移与转型升级。经过改革开放30多年的发展，珠三角地区的劳动力、资源、环境等要素的制约日益突出，处于价值链低端、以劳动密集型产业为主的产业结构迫切需要转移或转型升级，发展先进制造业和现代服务业。为此，广东开展了跨区域的产业链配套与资源整合，打造省内"东部服务、西部制造"的产业功能布局，同时坚持经济发展与环境保护双赢，探索以产业转移促进产业转型升级的发展新路。根据国际经验、广东省"十二五"规划纲要和广东经济发展战略，产业转移与转型升级驱动因素包括制造业转移与转型升级、海洋经济发展、航运服务业发展与转型升级、游艇休闲与邮轮经济、航运文化。

（3）区域经济合作。促进广东航运服务业发展和竞争力提升，需要广阔的腹地经济作为支撑。通过区域经济合作，拓展陆向腹地和海向腹地，是广东尤其是珠三角航运服务业发展的重要保证。根据中国政治和经济发展背景，区域经济合作驱动因素包括泛珠三角合作、粤港澳合作和21世纪海上丝绸之路建设。

（二）动力机制与动力机制分解

1. 动力机制

航运服务集聚区的动力机制，是指驱动航运服务集聚区形成和发展的力量结构体系及其运行规则，具有比较稳定的构成方式和作用规律。它是获取持续竞争优势、推动集聚区形成和发展的根本力量。航运服务集聚区建设的关键是优化其动力机制，促使集聚区各主体（企业、政府、中介等）有效地利用本地要素资源，获取更有价值的要素资源（如知识资源），形成航运服务集聚区的竞争优势，从而驱动航运服务要素的集聚发展。当前，广东航运服务集聚区建设的动力机制主要表现为政府引导因素和市场驱动因素。如图2所示。

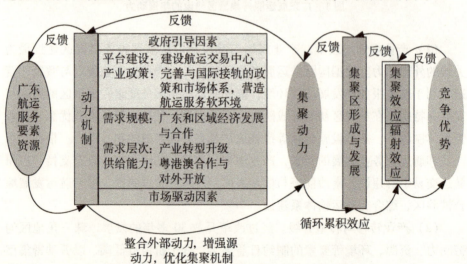

图2　广东航运服务集聚区的动力机制与发展逻辑

政府引导因素主要是平台建设和产业政策。广东航运服务集聚区最主要的平台建设是以广州为基点的航运交易中心建设,产业政策主要是完善与国际接轨的政策和市场体系,营造航运服务软环境。

市场驱动因素主要是需求规模、需求层次和供给能力。广东和区域经济发展、区域合作能够扩大广东航运服务的需求规模;广东和区域产业转型升级必然提高对航运服务的需求层次;粤港澳合作与对外开放,通过获得外部航运服务要素资源,能够提高高端航运服务的供给能力。

广东航运服务集聚区的发展逻辑是不断调整和优化动力机制。在广东航运服务集聚区建设的初始形成阶段,政府积极规划、建设平台、采取扶持政策、营造有利环境等他组织动力起主导作用,而市场的自组织动力起次要作用。当集聚区发展到一定程度,集聚区的集聚效应显现,以市场规模、需求层次和供给能力为特征的市场自组织动力成为主导力量,政府引导降为次要作用。在集聚区发展的不同阶段,往往需要不断整合集聚区的外部动力,增强源动力,优化动力机制。广东航运服务集聚区的发展需要不断调整和优化动力机制,利用集聚动力形成循环累积因果效应,驱动集聚区形成与发展,形成集聚效应和辐射效应,从而把广东航运服务要素资源转化为集聚区和航运服务业的竞争优势。

2. 动力机制分解

根据广东航运服务集聚区动力机制内涵与国内外航运服务集聚区建设的经验,推动广东航运服务集聚区形成与发展的动力机制可进一步分解为省级动力机制和地区动力机制。见图3。

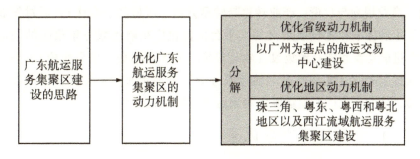

图3 广东航运服务集聚区建设思路与动力机制分解

广东航运服务集聚区建设的思路是优化航运服务集聚区的动力机制,而且可分解为优化省级动力机制和优化地区动力机制。广东航运服务集聚区的省级动力机制体现为面向全省的平台建设、产业政策、产业转移与转型升级、区域合作，即省级的政府引导因素和市场驱动因素；而地区动力机制则主要体现面向该地区航运服务集聚区的政府引导因素和市场驱动因素。以广州为基点的航运交易中心建设，是以广州较为发达和完善的航运服务体系为基础，整合全省航运要素资源，形成覆盖全省和连接国内外、服务全省、辐射泛珠三角地区的航运服务体系。在建立这个统一体系过程中，主要从全省视角，提出政策需求、考虑产业转移与转型升级和区域合作战略。因此，以广州为基点的航运交易中心建设可以看成是优化广东航运服务集聚区的省级动力机制。

另一方面，广东航运服务集聚区建设需要根据珠三角、粤东、粤西和粤北地区以及西江流域产业特色、区位优势和各地区现有航运服务业基础进行整体布局与协调建设；同时，从各地区视角，提出政策需求、考虑产业转移、转型升级和地区合作战略。故此，珠三角、粤东、粤西和粤北地区以及西江流域航运服务集聚区建设可以看成是优化广东航运服务集聚区的地区动力机制。

因此，广东航运服务业集聚区建设的思路，可以从比较抽象的优化推动集聚区形成与发展的动力机制，转化为比较具体的两方面建设，即以广州为基点的航运交易中心建设与珠三角、粤东、粤西和粤北地区以及西江流域航运服务集聚区建设。

二、以广州为基点的航运交易中心建设

以广州为基点的航运交易中心建设需要发挥广东航运市场规模优势和广州在航运交易中心建设中的基点优势，考虑广东航运服务集聚区的源动力和外部动力（产业规划与政策、产业转移与转型升级、区域经济合作），通过发展广东航运市场体系和建设航运交易大平台，优化广东航运服务集聚区的动力机制，促进航运要素的有形集聚（物理集聚）和无形集聚（信息集成），为广东现代航运服务业（尤其是高端航运服务业）和航运服务集聚区营造产业发展软环境，从而优化广东航运服务集聚区的省级动力机制。

（一）发展航运服务体系

（1）依托广州世界级大港和南沙新区、自贸试验区先行先试政策，促进船舶、船东和船舶管理公司在广州的集聚与发展。

（2）据世界知名航运咨询机构 Clarksons 预测，未来 10 年船舶和近岸设施的融资规模将达 1.4 万亿美元，航运金融业务发展适逢其时；依托广州大型船舶和船舶配套设备与南沙新区、自贸试验区先行先试政策，促进航运金融服务

发展。①鼓励中国银行、工商银行、交通银行、进出口银行、民生银行、招商银行和平安银行等开展航运金融的国内银行在广州设立航运金融部；②鼓励银行系租赁公司（如工银租赁、民生租赁、交银租赁等）在广州开展船舶融资租赁业务，鼓励广州有实力的船厂、航运企业与银行合作开展船舶融资租赁业务；鼓励港澳和国际有航运金融业务的银行和金融租赁公司到南沙新区、自贸试验区设立机构开展船舶融资租赁业务；③借鉴天津、上海、大连和浙江航运产业基金投资经验，推进设立由民间资本主导的、市场化运作的航运产业发展基金，投资船舶、近岸设施、码头、航运资产；④鼓励国际航运企业在南沙设立离岸账户，在南沙进行国际航运结算；⑤大力引进大宗商品交易企业入驻南沙自贸试验区，争取国家政策支持，探索开展大宗商品期货交易和期货保税交割业务；⑥借鉴上海经验，依托广州航运交易所，在南沙设立广州航运运价交易有限公司，建立航运运价交易平台，开发有广东特色的航运运价衍生品（如珠江航运指数、广东进口原油运价指数、广东进口煤炭运价指数、珠三角出口集装箱运价指数等）；⑦鼓励有实力的物流企业与银行合作，开展物流金融服务；⑧依托深圳证券交易所，探索船舶和码头等融资租赁资产证券化交易，构建多层次的国际化交易产品平台。

（3）依托广东航运市场、船舶交易市场、船舶租赁市场和南沙新区、自贸试验区先行先试政策，促进航运保险产品创新，满足航运服务市场需求。①鼓励港澳和国际航运保险公司到南沙设立机构，开展航运保险业务；②研究航运保险机构配套支持政策，推动有实力的金融机构、航运企业和其他相关企业成立专业性航运保险公司；③鼓励保险公司开发在广东有较多市场需求的航运保险产品，尤其是各种责任险；④研究建立广东航运保险保赔协会的可行性，探索满足本地中小航运企业需求的保险模式。

（4）依托珠江口国家级造船中心、汕头和湛江地方性造船中心、广东航运交易市场和南沙新区、自贸试验区先行先试政策，促进广州航运专业服务（航运经纪、船舶检验、海事法律、信息咨询、航运人才培训等）的发展。借鉴上海和新加坡经验，借助南沙新区、自贸试验区先行先试政策，突破体制机制约束瓶颈，提供优惠扶持政策，吸引优秀人才和培育知名机制，形成一批国内领先、具有知名度和影响力的品牌专业航运服务机构。①借鉴新加坡经验，提供优惠扶持政策和营造产业发展环境，鼓励港澳和国际知名航运经纪公司、船级社、海事法律服务机构、信息咨询公司、航运教育与培训机构到南沙设立机构，开展航运专业服务；②鼓励有实力的航运企业和船厂开展航运经纪业务；③借鉴上海国际航运研究中心经验，借助CEPA政策，依托粤港澳主要港航企业、航运教育与培训机构和港航主管部门，探索在南沙建立大珠三角国际航运研究中心，定期发布大珠三角航运市场信息、大珠三角航运指数和市场研究报告，提供航运咨询服务；④借助国际合作，探索在广州建立航运教育与培训国际合作机构。

（5）依托中山大学、华南理工大学和广州航海学院等广州相关高等院校和中交第四航务工程勘察设计院、中交四航局港湾工程设计院、中交广州水运工程设计研究院、广东省航运规划设计院等广州相关科研院所，促进广东航运科技和海洋工程技术发展。

（6）依托广州大型船舶和船舶配套设备制造基地和南沙自贸试验区，争取国家政策支持，探索开展以南沙港为船籍港的国际船舶登记。

（7）依托中山大学、华南理工大学、暨南大学等知名院校和广州航海学院、广东交通职业技术学院海事学院、广州海员学校和广海船员培训中心等广州航海类院校和培训机构，促进航运人才市场和船员市场及船员国际劳务发展。

（8）依托珠三角全国数量最多的富足人群、亚洲最大的番禺亚洲国际游艇城、南沙邮轮母港和广东丰富的滨海旅游资源，促进以广州为基点的广东游艇休闲产业和邮轮经济发展。

（二）建设航运交易大平台

（1）建设广东大宗商品交易平台。①依托广东亿吨级年炼油能力的石化基地和两千万吨级接收能力的 LNG 接收站，建设广东石化产品供应链管理和交易服务平台（广东石化产品交易中心），开展期货交易，编制和发布广东石化产品价格指数；②依托广东近两亿吨的年度煤炭需求量，建设广东煤炭供应链管理和交易服务平台（广东煤炭交易中心），开展期货交易，编制和发布广东煤炭价格指数。

（2）借鉴上海经验，省市共建，加快广州航运交易所建设进度，充分发挥其在广东航运交易中心建设中的纽带作用和推动作用。

（3）依托广州航运交易所及其全省网点与广东各市航运服务要素资源，建设广东航运交易服务平台、广东航运资产交易平台、广东航运数据集成和处理系统、广东港航业务备案系统、广东港航业务评估评价中心、广东航运市场监测及预警系统。

三、珠三角、粤东、粤西和粤北地区以及西江流域航运服务集聚区建设

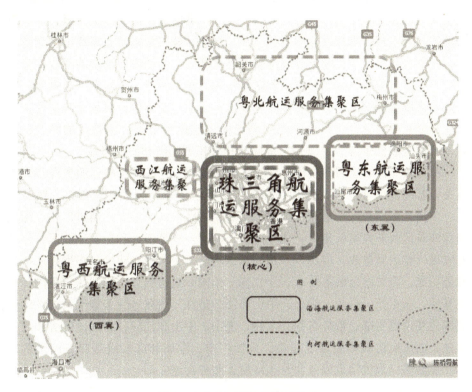

图4 广东航运服务集聚区体系

注：为了研究的方便，本研究界定，珠三角航运服务集聚区包括广州、深圳、佛山、珠海、东莞、中山、惠州和江门8个市；粤东航运服务集聚区包括汕头、潮州、揭阳和汕尾4个市；粤西航运服务集聚区包括湛江、茂名和阳江3个地级市；粤北航运服务集聚区包括韶关、河源、清远和梅州4个市；西江航运服务集聚区包括肇庆和云浮2个市。

珠三角、粤东、粤西和粤北地区以及西江流域航运服务集聚区建设，主要根据地区产业特征和区位优势，构建以珠三角航运服务集聚区为核心、以粤东（东翼）、粤西（西翼）、粤北和西江航运服务集聚区为支撑的，布局合理、特色显著、优势互补、层次分明、互动发展的广东航运服务集聚区体系（见图4），以优化广东航运服务集聚区的地区动力机制。

（一）珠三角航运服务集聚区

珠三角地区港口群主要为本地区经济发展服务，同时也为广东其他地区，如湖南、湖北、江西、广西、河南、四川等泛珠三角地区提供货物中转服务。随着珠三角地区产业转移、转型升级，珠三角港航业也需要转型升级，从数量规模扩张为主转向质量效益为主的飞跃。因此，珠三角港航业需要依托现有雄厚的先进制造业、现代服务业和港航服务业基础，借助毗邻港澳的区位优势和南沙、前海与横琴新区和自贸试验区先行先试政策优势，创新发展高端航运服务业，营造适合航运服务业发展的软环境；以航运交易促进航运业与信息技术行业和金融业的融合，以海洋知识创造促进航运业与先进制造业的结合；同时，利用区域合作与"走出去"战略，积极拓展陆向和海向腹地。

珠三角地区航运服务集聚区建设需要根据珠三角各城市航运服务业和现代服务业基础，结合区位优势和产业特色，科学定位，合理确定层次，错位发展。广州、深圳和珠海是珠三角航运服务集聚区建设的重点；通过广州、深圳和珠海航运服务集聚区建设，依托南沙、前海与横琴新区和自贸试验区，创新发展现代航运服务业，促进以广州为基点的航运交易中心建设，拓展高端航运服务功能，完善航运服务体系，建立珠三角国际航运服务中心和珠三角国际物流基地。而东莞、惠州、佛山、中山和江门是珠三角航运服务集聚区建设的组成部分和重要支撑；依托东莞、惠州、佛山、中山和江门各自区位优势和产业特色，通过航运服务集聚区建设，承接广州、深圳和珠海航运服务的辐射功能，发展港口现代物流服务业，拓展航运服务功能。

1. 广州

广州具有广东最完整的航运服务体系和最大规模的航运业，是华南航运服务中心和综合性门户枢纽。广州航运服务集聚区是广东航运服务集聚区建设的核心，包括基点建设和本地航运服务集聚区建设，承担以广州为基点的航运交易中心建设的大部分任务，是珠三角国际航运服务中心和珠三角国际物流基地的主要载体和核心平台。

根据广州产业特征，广州高端航运服务业的发展模式可以采用航运交易为主、海洋知识创造为辅的混合模式，以航运交易促进航运业与信息技术行业和金融业的融合，催生航运保险、航运经纪、航运咨询等其他高端航运服务需求；以海洋知识创造促进航运业与先进制造业的结合，催生航运技术和海洋工程技术服务需求。

广州航运服务集聚区建设的目标是完善航运服务体系，发展高端航运服务业，提升广州航运交易中心的能级，营造有利于高端航运服务业发展的软环境，促进珠三角国际航运服务中心的形成。广州航运服务集聚区的主导产业是航运交易、航运信息、航运金融、航运科技与海洋工程技术。通过航运交易、航运信息的集聚带动航运金融、航运保险和海事法律服务等高端航运服务的发展；通过发展航运技术与海洋工程技术服务，促进航运金融、航运保险、海事法律等高端航运服务产品和服务模式创新发展。

2. 深圳

深圳是华南地区集装箱重要枢纽港，金融业和物流业相对发达，是广东航运交易中心和珠三角国际航运服务中心建设的重要组成部分，通过发展深圳在国际贸易、国际物流、航运金融等方面的优势和深港合作特色，形成与广州错位发展、优势互补、共同促进的航运服务集聚区，成为以广州为基点的航运交易中心和珠三角国际物流基地的重要组成部分。

3. 珠海

珠海港是全国沿海 25 个主要港口之一，已形成西区以高栏港区为主，东区以桂山港区为主，市区以九洲、香洲、唐家、前山、井岸、斗门等港区为主的三个港口群体。在三个港口群中，高栏港区是珠海港的主体。珠海航运服务集聚区建设，通过发展珠海在大宗散货、油气品等能源物资集散、中转、仓储和江海中转等方面的优势和珠澳合作特色，成为以广州为基点的航运交易中心和珠三角国际物流基地的重要组成部分。

4. 珠三角其他城市

除广州、深圳和珠海外，佛山、东莞、中山、惠州和江门五市也是珠三角的重要组成部分。五市港口也是珠三角港口群的重要组成部分，主要是服务当地外向型经济和临港产业的地方性港口、集装箱支线港或喂给港。通过佛山、东莞、中山、惠州和江门航运服务集聚区建设，充分利用地方产业特色和珠江水系区位优势，推进集疏运体系建设，大力发展陆水联运、铁水联运和水水转运业务，整合和优化地方港航业和现代服务业资源，进一步集聚中低端航运服务资源，承接香港、广州、深圳和珠海高端航运服务业的辐射，融入珠三角国际物流体系，加快地方港口现代物流服务体系建设，提高地方和区域物流效率，促进地方经济发展和转型升级。

根据地区经济发展、产业特征与区位优势，佛山航运服务集聚区建设主要是打造内河港口现代物流平台，东莞、中山和江门航运服务集聚区建设主要打造临港产业现代物流平台，惠州航运服务集聚区建设主要打造华南危险品货物集散基地。其中，佛山、东莞和惠州航运服务集聚区是建设重点。

（二）粤东航运服务集聚区

汕头港为华南重要港口，有 150 多年的历史，是粤东和闽西对外经济联系的枢纽。揭阳、潮州和汕尾原先只有内河港口和沿海渔港；随着能源石化产业和特色制造业向粤东转移布局，汕头、揭阳、潮州和汕尾加速沿海港口建设，形成以汕头港为代表的粤东港口群，支撑粤东经济发展，承担粤东、闽西南、赣南地区对外进出口货物的运输。

粤东航运服务集聚区建设主要立足为本地区经济发展服务。粤东地区需要积极参与以广州为基点的航运交易中心建设，承接香港和珠三角高端航运服务辐射，充分发挥汕头历史累积的航运服务业优势，促进揭阳、潮州和汕尾航运服务业发育成长；按产业经济发展和区域经济合作特征，推进汕头、揭阳、潮州和汕尾航运服务集聚区建设，形成错位发展、协调互动的粤东航运服务集聚区体系。

根据地区经济发展、产业特征与区位优势，汕头航运服务集聚区建设主要是打造粤东航运总部基地和区域性物流中心，揭阳、潮州和汕尾则主要建设地方物流基地。其中，汕头和揭阳航运服务集聚区是建设重点。

（三）粤西航运服务集聚区

湛江港是中国大西南和华南地区货物的出海主通道，是全国20个沿海主要枢纽港之一，也是粤西和环北部湾地区最大的天然深水良港，作为我国华南最大的干、散货和石油集散地，经过50多年的建设发展，湛江港已经成为我国西南沿海港口群的主枢纽港和亿吨大港，现已与世界100多个国家和地区通航。茂名港和阳江港则主要服务于地方临港产业（石化、能源和制造业），与湛江港共同组成粤西港口群。

粤西航运服务集聚区建设需要立足于重化产业、临港制造业特征和区位优势，为粤西经济发展服务，同时也为大西南和北部湾地区经济发展服务。粤西航运服务集聚区建设需要积极参与以广州为基点的航运交易中心建设，在承接香港和珠三角高端航运服务辐射的基地上，充分发挥湛江的航运服务业优势，带动茂名和阳江航运服务业发展。

根据地区经济发展、产业特征与区位优势，湛江航运服务集聚区建设主要是打造粤西航运总部基地和区域性物流中心，茂名则主要打造石化、LNG（液化天然气）和煤炭物流基地，阳江则主要建设煤炭物流基地。其中，湛江和茂名航运服务集聚区是建设重点。

（四）粤北航运服务集聚区

根据《粤北地区经济社会发展规划纲要（2011—2015）》，粤北地区包括韶关、清远、河源、梅州和云浮5个地级市。在本文中，由于把云浮归入西江航运服务集聚区，粤北航运服务集聚区仅包括韶关、清远、河源和梅州4个地级市。

内河（北江、东江、梅江、汀江和韩江）航运是粤北地区经济和临港产业发展的重要支撑。通过积极参与以广州为基点的航运交易中心建设，在承接香港和珠三角高端航运服务辐射的基础上，发挥山区内河陆水联运功能优势，打造内河区域物流平台和大宗商品集散基地，提升韶关和清远对北江，河源对东江，梅州对梅江、汀江和韩江航运服务要素的集聚能力，形成韶关、清远、河源和梅州航运服务集聚区，促进粤北和毗邻省份区域（湘南、赣南和闽西）的经济发展。

根据地区经济发展、产业特征与区位优势，韶关航运服务集聚区建设主要打造粤北、湘南和赣南地区的北江流域现代物流中心；清远、河源和梅州航运服务集聚区建设主要打造地方内河港口物流平台。其中，韶关和清远航运服务集聚区是建设重点。

（五）西江航运服务集聚区

西江航运服务集聚区包括肇庆和云浮2个地级市。

肇庆位于西江下游出海航道的起点，是肇庆市、西江经济带、西南和中南地区货物水陆中转的集疏运中心，对沟通港澳及内地市场、深化与东盟国家合作和促进区域经济发展起着重要的作用。云浮市位于西江中游以南，西与广西梧州接壤，云浮新港是广东内河第一大港，是珠江水系重要港口。肇庆港、云浮港和云浮新港是香港和沿海主要港口的集装箱喂给港，以外贸物资、原材料运输及西江流域物资中转为主，内外贸兼顾的、具有江海直达运输及运输组织管理、中转换装等多功能的综合性港口。

肇庆建立航运服务集聚区，发挥肇庆作为西南和中南地区物流的枢纽作用，拓展航运交易、航运金融、现代物流等服务功能，扩大珠三角国际航运服务中心对西江流域、西南和中南地区物流的集聚作用和航运服务的辐射作用。云浮建立航运服务集聚区主要服务地方经济发展。

加快建设腹地型、服务型和物流型国际航运中心

唐宋元

(广州航海学院　航运经贸系)

2012年11月,党的十八大报告中提出建设海洋强国;2013年10月,党和国家领导人又提出了建设21世纪海上丝绸之路的重要战略构想;2014年12月,国务院决定设立包括广州南沙在内的中国(广东)自由贸易试验区。上述国家战略的实施为广州建设与香港错位发展的国际航运中心提供了充足的理由和难得的历史机遇。事实上,随着国际航运中心向东亚的转移,国内先进港口城市如上海、天津、大连等早在多年前就已经确立了国际航运中心发展战略,并取得了显著成效。广州是否走其他城市建设国际航运中心的老路?或者说广州需要一个什么样的国际航运中心?如何立足广州现有资源、条件和优势,彰显国际航运中心的广州特色?这些问题急需认真研究。

一、国际航运中心的历史变迁与国内建设实践

(一)国际航运中心的定义

关于国际航运中心的定义,学术界具有不同观点,有的坚持以集装箱深水港为本质特征的"港本位",有的坚持以航运要素集聚为本质特征的"航本位"(茅伯科,2009),也有的坚持以航运资源配置为本质特征的"资源本位",但业界和大多数学者认可以下观点:①国际航运中心是一个城市的概念,而非港口的概念;②一般拥有具备全球化航线布局的集装箱枢纽港;③具有比较发达的现代航运服务业体系,航运服务半径延伸至本区域、本国甚至全球;④国际航运中心的发展模式一般分为腹地型、高端服务型[①]和国际中转型,相对应的典型代表城市分别为荷兰的鹿特丹、英国伦敦和新加坡(或中国香港);⑤国际航运中心主要有四大功能,即物流集散、航运交易、航运服务

---

① 一般提法为"服务型",这里之所以加上"高端"二字,一方面更切合伦敦国际航运中心以高端航运服务为主的实际;另一方面是为了区别于后文提到的以航运服务功能为显著特征的"服务型"概念。

和产业带动等功能。

鉴于业界及学术界所取得的共识，并结合我国国际航运中心建设实践，笔者认为，国际航运中心是以大型深水港口为基础，以航运要素集聚为特征，拥有较发达的现代航运服务业，并在全球航运资源配置中具有一定话语权的国际化港口城市。

（二）国际航运中心的历史变迁

从19世纪末到21世纪初，世界经济与贸易中心经历了三次大的转移，即从地中海转向大西洋，从大西洋转向太平洋东岸，从太平洋东岸又转向亚太区域，由此，国际航运中心先后形成于欧洲（伦敦、鹿特丹等）、北美（纽约），并正在向东亚转移。在此过程中，日本东京、中国香港、新加坡等港口城市已经走在了前面，韩国釜山和中国上海等正在奋起直追。理论上，国际航运需求派生于国际贸易带来的海运货物运输需求，因此，国际航运中心伴随世界经济与贸易中心的转移而转移似乎是必然的事。但事实上，全球航运资源配置能力的转移并非易事。航运资源配置能力包括货物资源配置能力、全球船舶调度或运力配置能力、航运交易市场资源配置能力和国际航运规则制定与国际海事话语权等核心资源配置能力，这四方面能力的转移依次越来越难。从实践上看，尽管我国也已成为举世公认的港口大国、航运大国和造船大国，但在航运资源配置能力提升上，仅在第一方面取得了卓有成效的成绩，在第二、第三方面有所突破，在第四方面即航运软实力方面未有多少进展。究其原因，一方面，某些高端航运服务业如航运金融保险等服务半径很大，不需要转移也可以为其他地方的客户进行跨国、跨洲服务；另一方面，某些老牌国际航运中心如伦敦，拥有从事某些高端航运服务的历史经验、人才、品牌、机构等优势，尽管其港口吞吐量在全球排名50名以外，但凭借其优质的航运服务、数量众多的航运机构总部以及高素质的航运人才等，仍然在全球国际航运中心占据重要地位。

上述分析表明，航运资源配置能力具有一定的路径依赖性，不容易从老牌国际航运中心迁移，但并非绝对不可能，只要创造优越的制度环境、宽松的营商环境及相应的人才与机构条件，完全有可能实现第二、第三方面能力的迁移与提升，当然，要想在第四方面即国际航运规则制定与国际海事话语权中取得更多支配力，可能需要更长的时间并付出更多的努力。从国内来看，当务之急是大力发展现代航运服务业。最近交通部下发文件《关于加快现代航运服务业发展的意见》（交水发【2014】262号），正是此意。

（三）国际航运中心建设的国内实践

国内最早实施国际航运中心发展战略的城市为上海。1996年，上海市启动国际航运中心建设，最初想法主要是促进上海港发展，支持上海国际贸易中心建设及长三角经济区的经济发展。在上海4个中心（经济、金融、贸易、航运）建设中，国际航运中心是基础。2009年4月，国务院下发《关于推进上海加快发展现代服务业和先进制造业　建设国际金融中心和国际航运中心的意见》（以下简称《意见》），进一步明确国际航运中心建设目标是到2020年，基本建成航运资源高度集聚、航运服务功能健全、航运市场环境优良、现代物流服务高效，具有全球航运资源配置能力的国际航运中心。很明显，《意见》对上海国际航运中心的定位更高、期待更多，寄希望上海建设成全球性国际航运中心，代表国家参与全球竞争。上海国际航运中心建设一直得到中央政府的大力支持，并成为国家战略的一部分，由此也使其在政策突破及港口资源整合中有独到优势。在整合了本来属于浙江省的洋山港后，目前上海港货物吞吐量和集装箱吞量分别位居全球第二和第一位。

2003年10月，国务院下发《关于实施东北地区等老工业基地振兴战略的若干意见》，明确提出"充分利用东北地区现有港口条件和优势，把大连建设成东北亚重要的国际航运中心"。具体说就是要把大连建设成为在东北亚区域范围内有重要影响力，取得公认的国际航运中心枢纽地位，并以国际航运为核心纽带，带动整个东北亚地区和相关腹地经济协同发展，促进相关产业合理布局，实现相关资源最佳配置的港口城市。2009年7月，《辽宁沿海经济带发展规划》出台，为大连国际航运中心对辽宁沿海港口资源整合提出了具体目标与要求。可见，大连国际航运中心定位为区域性国际航运中心，初衷是振兴东北老工业基地，因此重点是发挥好航运中心的产业带动功能，大力发展包括造船、重化工等在内的临港工业，以缓解因产业更新换代所带来的就业困局。

2006年5月，《国务院关于推进天津滨海新区开发开放有关问题的意见》出台，明确天津北方国际航运中心的定位，旨在扩大京津冀和环渤海地区的对外开放水平。天津作为首都的出海口，在承接产业转移、支持京津冀地区经济发展中地位十分重要。事实上，在天津国际航运中心发展的同时，天津滨海新区进入跨越式发展时期，着力发展航空航天、石油化工、装备制造、电子信息、生物医药、新能源新材料、轻工纺织、国防科技等八大支柱产业。受国际航运中心建设的利好驱动，一大批重大项目落户滨海新区，其GDP增长连年保持在20%以上，由此带动天津市经济快速增长，其经济总量直追广州，大有赶超之势。

2011年12月，国务院正式批复同意《关于厦门市深化两岸交流合作综合配套改革试验总体方案》，支持厦门加快东南国际航运中心建设，创新航运物流服务，大力发展集航运金融、保险、租赁、信息咨询、口岸通关、航运代理、海运结算、航运人才培养与后勤补给、海事支持等多种服务功能于一体的航运物流服务体系。同时也给予多项发展现代航运服务业的优惠政策。厦门市由此成为继上海、大连、天津之后第四个由国家认可建设的国际航运中心。厦门市2014年政府工作报告提出"加快建设东南国际航运中心，着重发展口岸物流、第三方物流、城际配送物流，推动区域物流联动发展"。很明显，厦门国际航运中心的发展重点是物流集散功能。

除上面4个城市以外，青岛也提出建设国际航运中心，但未获国家层面战略的认可。从国内国际航运中心建设实践看，可得出以下结论：①都以具有相关经济发展战略为背景，国际航运中心只是战略的一个支点。②所在城市都想从国际航运中心建设中获得相应的政策支持，进而确保所在港口在区域港口群资源整合中取得领先地位。③城市定位决定了国际航运中心的功能定位。除上海国际航运中心为全球性定位外，其余城市均根据其在区域中的地位设定为区域性航运中心。④尽管名为国际航运中心，但在具体操作层面上仍立足于本城市或本区域的产业发展特点，各自确定不同的发展重点。大连、天津非常注重航运中心的产业带动功能，厦门注重物流集散功能，上海近年来则注重发展高端航运服务和航运总部经济。

二、广州应建设腹地型、服务型和物流型国际航运中心

（一）国际航运中心与广州

广州作为中国古代海上丝绸之路的起点之一，历史上曾经是举世闻名的国际性航运中心。作为两千多年来全国唯一长盛不衰的广州港，更是支撑起广州"千年商都"的美誉。毫不夸张地说，没有港口经济与航运业的发展，就没有现在的广州；目前，广东省海运煤炭接卸量的60%、油品接卸量的40%、粮食接卸量的30%由广州港完成，全省80%的内贸集装箱货物经广州港进出。如果广州港停运一天，省内经济将无法正常运转，广大人民的正常生活都会受到严重影响，其重要性可见一斑。2014年广州港货物吞吐量及集装箱吞吐量分列全球第六和第八位。单从港口条件看，广州已完全具备国际航运中心的资格。从需求角度看，广佛经济总量与上海相当，也需要一个国际航运中心作为

支持经济发展的基础；21世纪是海洋的世纪，陆地资源的日益枯竭使海洋资源开发日趋迫切。我国南海蕴藏着丰富的海洋资源，作为国家中心城市的广州当仁不让应抢占海洋经济发展的高地，尽快建成海洋战略性产业基地和海洋资源开发后勤保障基地，这都需要广州国际航运中心作为重要支撑；为响应国家建设21世纪海上丝绸之路及自贸区战略，进一步提升广东与东南亚联盟的合作规模、层次与水平，也需要大力发展国际航运中心。因此，不管是过去、现在或是将来，国际航运中心对于广州的城市发展都具有特别重要的意义。广东是外贸大省、造船大省及海洋大省，在沿海省市大张旗鼓建设国际航运中心的时候，广州作为省会城市若无动于衷，怎么样也说不过去。当前我国正部署实施21世纪海上丝绸之路战略，广州国际航运中心可以作为21世纪海上丝绸之路的重要节点进行建设，重现广州历史上曾经作为全国第一大港的辉煌。

（二）腹地型、服务型和物流型国际航运中心更适合广州

从国际航运中心的三大发展模式来看，广州更适合发展腹地型国际航运中心。以高端航运服务为主、具有全球航运资源配置能力的国际航运中心（或知识型国际航运中心）只有少数世界城市才能担当，中国只有上海具有此潜力；而以国际中转为主要特征、位居国际航线重要节点、缺乏纵深经济腹地支撑的国际航运中心显然不属于广州，当然这并不否定广州发展国际中转业务，但国际中转并非是其重点，考虑到珠三角地区已经有香港作为中转型国际航运中心，为了错位发展，广州也宜建设腹地型国际航运中心。因此，广州建设腹地型国际航运中心，不仅仅是因为紧靠广阔的经济腹地，而且是由广州的城市定位及与周边城市错位发展的要求所决定的。

从国际航运中心的不同层次看，国际航运中心可以划分为以生产要素配置为主的生产型国际航运中心、以航运服务要素配置为主的服务型国际航运中心和以航运知识要素配置为主的知识型国际航运中心。生产型国际航运中心主要满足基本航运需求，强调港口作用，坚持"港本位"。从广州港发展实际看，港口硬件及港口规模近年来发展很快，当前突出的问题是港口软实力不够，同时考虑到目前港口产能过剩的趋势不会改变，港口粗放式发展模式已然终结。因此，笔者认为，广州国际航运中心应从目前的生产型国际航运中心向服务型国际航运中心转变，着力改善软环境，大力发展现代航运服务业，促进航运服务要素集聚，形成较完善的航运服务功能结构。从珠三角港口群甚至整个华南地区港口体系来看，也迫切需要一个能辐射本地区、航运服务门类齐全的航运服务中心，广州应当仁不让。知识型国际航运中心是航运知识的集散中心、航

运决策中心和航运创新中心,是高端航运服务业极端发达的必然结果,堪称全球航运资源配置的"大脑"。这样的国际航运中心在全球范围不需要太多,国内能够挑战知识型国际航运中心的只有上海。广州建设服务型国际航运中心的意义在于:进一步促进国际国内物流的运行效率;业务内容上实现由低附加值服务向高附加值服务的转变;实现航运中心发展由规模扩张的投资驱动向功能提升的创新驱动转变。

广州之所以要建设物流型国际航运中心,主要基于以下理由:①当前我国物流效率低下的问题非常严重,要改变这一状况,国际航运中心应起带头示范作用。2014年9月,国务院下发的《物流业发展中长期规划(2014—2020)》中提到,"2013年全社会物流总费用与国内生产总值的比率高达18%,高于发达国家水平1倍左右,也显著高于巴西、印度等发展中国家的水平"。这说明当前我国物流效率低下的问题比较突出,同时说明物流业有很大的发展空间。尽管文件中提到的是全社会物流的问题,但国际物流效率低下问题也不容忽视,这里既有物流企业自身管理水平低下的问题,也有不同运输体系衔接不畅的问题,还有体制机制障碍带来的无形成本过高的问题。为此,广州国际航运中心应着力构建完善的航运物流体系,创新体制机制,提高国际物流效率。②更好地促进物流中心和航运中心的协同发展,将国际航运中心的物流功能作为发展重点。广州应明确建设国际物流中心与国际航运中心,这两个中心虽然目标与功能有异,但在业务内容上有交叉。两者应相互对接、相互支持,共同促进和完善广州作为国家中心城市所具备的物流功能,发挥国家中心城市对周边地区的辐射能力。③适应国际物流发展的新要求。国际物流的发展趋势是信息化、网络化、标准化、综合化、低碳化与供应链化。为此,现有的物流体系需要流程再造及功能升级,最终形成包括水、陆、空在内,深入腹地连通海外的立体化物流体系。广州建设国际航运中心应加强水路、铁路、机场等交通体系的协同合作,换言之,要建设好国际航运中心所必需的集疏运体系,尤其是要大力发展水水中转、江海直达、海铁联运等多种运输方式。

建设国际航运中心,广州不应走其他城市的老路,在功能定位上,广州同上海不是一个层级,虽然同天津、大连、厦门属于同一层级,但不同城市有不同特点,尤其是产业结构上差异很大。2014年,广州第三产业增加值占比65.02%,而天津、大连、厦门的相应指标分别为49.3%、45.9%和53.5%,差距在10个百分点以上,高出大连近20个百分点,可见广州已逐步成为以服务业发展为主的城市。与此同时,大量加工制造业向内地迁移,靠大投资、大项目带动大货流的港口发展模式已经不再适应当前经济发展阶段,摆在面前的至少有两条路:一是可以面向中西部广阔经济腹地寻求货源,二是可为华南地区广大港航企业提供优质、高效的航运服务。尽管珠三角地区还有香港国际航运中心，但因制度、体制、商业文化等差异，香港对珠三角地区的辐射能力是有限的。对广州国际航运中心而言，腹地型体现的主要是服务范围；服务型体现的主要是业务内容；物流型体现的是发展重点，三者相辅相成，共同构成广州国际航运中心的特色定位。

三、对加快建设与香港错位发展的广州国际航运中心的建议

（一）对接南沙自贸区，加快体制机制创新

建设好广州国际航运中心，主要不是靠大投资、大项目，而是加快体制机制创新，打破部门分割，提高行政效能，降低无形的制度成本，激发市场活力，构建适应国际航运中心发展的新体制与新机制。具体说，就是要紧紧围绕建设腹地型、服务型、物流型国际航运中心这一目标，深入推进与航运中心建设密切相关的行政管理体制、投融资体制及其他相关制度的改革与创新，切实转变政府职能，充分发挥市场机制作用，对接南沙自贸区，尽快建立与广州国际航运中心相适应的港口、航运、贸易等新管理体制，形成促进航运中心发展的相关部门联动机制、珠三角港口群协同发展机制、校政企合作机制、信息共享机制以及航运市场交易与监管机制等。需要强调的是，国际航运中心是城市的定位，建设国际航运中心涉及多个部门的事权，需要有相应的更高级别的组织机构进行规划、协调、组织与实施。

（二）建设腹地型国际航运中心，关于在于完善集疏运体系

通过水路、公路与铁路、机场等立体交通体系建设和内陆无水港建设，使广州港的经济腹地向中西部地区延伸。加快发展更为节约、更为环保的珠江水运体系。同时要加快不同运输方式的对接，适应国际多式联运发展新要求，大力发展海铁联运、江海联运、水路联运等。更重要的是，打破影响物流效率的体制性障碍，建立便利货物与运输工具流动的各种新体制，降低或消除货物或运输工具流动的各种无形成本。

（三）大力发展现代航运服务业，提升服务型国际航运中心的服务能级

广州应大力发展航运金融、航运保险、航运结算、航运经纪、海事仲裁、

航运教育、邮轮游艇服务等现代航运服务业，营造有利于现代航运服务业发展的口岸环境、市场环境、法律环境、政策环境、人才环境和文化环境等。为提升广州国际航运中心的服务能级，一是需要完善现代航运服务业体系，满足市内港航企业多样化的服务需求；二是着力发展服务半径更大的高端航运服务业如航运金融等。

（四）适应现代物流新要求，加快建设物流型国际航运中心

现代物流是绿色物流、智能物流及网络物流，国际航运中心的物流功能必须顺应国际物流新趋势、新标准与新要求，运用最新的信息技术与物流科技，在更高起点上谋划港口与航运物流体系。充分发挥广州港口优势，加快建设区域物流中心，提高国家中心城市的物流辐射能力。

（五）为国际航运中心建设提供更多更好的智力支持与人才支持

国际航运中心建设事关广州的未来，如何做好广州国际航运中心这篇大文章，既需要政府的高度重视，也需要相关部门的全力支持，更需要专家的智慧与意见。一方面，科学制定国际航运中心发展战略，需要政府、高等院校、科研机构等各方力量的配合。为此，广州应建立相应的国际航运中心研究平台，支持高校与科研机构从事国际航运中心研究，在利用市外科研力量及征询专家意见之外，积极培育本地研究力量，提升本地国际航运中心研究水平，为科学发展广州国际航运中心提供更多更好的研究成果。另一方面，国际航运中心建设也离不开高素质的航运人才的支撑。市政府应在土地、资金等方面大力支持海事院校建设，海事院校应尽快建立对接国际航运中心的专业人才培养体系，提高航运人才培养质量；支持海事院校与港航政府部门共建航运经济研究中心或协同创新中心，支持海事院校与港航企业共建港航人才培养基地或协同育人中心。

参考文献

[1] 上海国际航运研究中心．上海国际航运中心的实践与探索［M］．上海：上海财经大学出版社，2011，36－42．

[2] 真虹，茅伯科，金嘉晨，周德全．国际航运中心的形成与发展［M］．上海：上海交通大学出版社，2012，40－45．

中国-东盟港航合作研究展望

程 军

(广州航海学院 港口与航运管理系)

一、引言

在经历了中国-东盟战略伙伴关系的"黄金十年"之后,中国与东盟各国的合作将更加深入且更具成效。2013年10月,习近平总书记访问东盟国家时提出建设21世纪海上丝绸之路的战略构想;2014年3月,李克强总理在政府工作报告中提出要抓紧规划建设"丝绸之路经济带"和"21世纪海上丝绸之路";2014年11月,习近平主席在"加强互联互通伙伴关系"东道主伙伴对话会上宣布中国将出资400亿美元成立丝路基金,并提出了加强互联互通、深化"一带一路"合作的一系列建议。随着建立基础设施、规章制度、人员交流三位一体的互联互通从战略构想进入实质性的推进和贯彻落实阶段,亚洲地区将迎来中国-东盟合作的"钻石十年"。区域经济的发展与港口和航运具有天然的联系,建设21世纪海上丝绸之路实现中国-东盟多领域的互联互通,离不开中国-东盟各国之间的港航合作。在建设21世纪海上丝绸之路和加强中国与东盟互联互通的背景下,区域政治经济的发展必然导致中国与东盟各国之间的航运交往日益增多。中国-东盟之间的港口与航运需求究竟有多大,如何实现中国-东盟各国之间的港口与航运合作,是中国与东盟各国无法回避的问题。

二、中国-东盟港航合作研究现状

(一)港航合作研究的主要成果

关于港航合作方面的研究一直是港口航运界研究的热点,主要成果可以分为三个层次。一是国内港口航运的合作研究。如金刚(2012)的区域港口合作竞争研究;孙家康(2010)提出港航合作,共谋发展;李鸿斌等(2014)

提出广州港集团联合粤桂琼港航界深化泛珠合作；钱佳（2014）提出现代港航物流的发展趋势是港航企业合作联盟化。二是跨地区的港航合作研究。辜芳昭（2014）提出要加强闽台港航业务拓展与合作；黄志勇（2013）提出要不失时机地深化桂台港航业合作。三是跨国别的港航合作研究。刘军（2013）研究了西北欧港口合作，提出了对我国港口合作发展的启示；麦文翰等（2010）分别介绍了泛北部湾与泛墨西哥湾港航合作，并且进行了比较，提出了对泛北部湾港航合作的建议。

（二）中国-东盟港航合作领域研究

中国-东盟港航合作涉及的领域比较广泛，相关的研究成果也较为丰富。一是从中国与东盟具体国家的视角进行研究。孙剑秋（2014）提出了打造中国-东盟陆路物流枢纽，务实推进中国-新加坡经济走廊建设；王常红等（2013）对中越红河界河段跨国航运的合作开发进行了研究；张英福等（2012）提出的中国-东盟合作背景下广西沿海港口物流发展对策。二是从中国-东盟经贸整体层面研究。林子荣（2014）采用Johansen协整检验法和向量自回归模型技术分析了中国-东盟贸易额与我国沿海港口的集装箱吞吐量及远洋运输船舶运输净载重量之间的动态关系，通过数据得出了中国与东盟经贸关系与我国港口航运发展之间的协调关系；林琳等（2015）研究了中国-东盟贸易与投资合作发展问题；郭宏宇等（2014）提出了中国-东盟基础设施互联互通建设面临的问题与对策；隋博文等（2015）对中国-东盟海上互联互通进行现实考察并设计了相应的对策。三是从"一带一路"的视角进行探讨。朱培德（2014）提出要以务实行动搭建"一带一路"沿线港航发展合作平台；白力群（2014）提出要加强国际港航合作，发挥交通先导作用。

三、中国-东盟港航合作研究方向

中国-东盟港航合作是在互联互通的背景下，以东盟国家经济贸易发展为依托，以东盟国家港航发展为基础，以世界港航发展规律为借鉴，以中国和东盟为主体的港航合作。在区域经济发展理论研究基础上，总结世界港航合作发展模式的成功经验，结合东盟国家的经济贸易需要，分析东盟国家的港口和航运发展现状及面临的问题，联系中国-东盟港航合作的实际情况，提出中国-东盟港航合作的战略构想。

（一）东盟各国经贸发展

系统搜集东盟国家的经济贸易发展的相关统计数据，针对东盟各国的国民经济发展情况，分析其相关产业的发展现状及趋势，通过对东盟各国经济发展与对外贸易发展之间的相互关联因素研究，把握东盟各国经济发展及贸易发展的未来趋势。

（二）东盟各国港航发展

全面搜集东盟各国的港口发展历史及现状、港口自然条件及设施设备、港口服务水平等基础数据，系统分析各个港口发展中面临的困难及亟待解决的问题。同时调查各国船公司的发展历程、船舶数量及航运人才的相关资料，结合船公司面临的国内国际环境，分析各国航运发展面临的困难及问题。

（三）世界港航合作发展

随着船舶大型化的趋势越来越明显，港口与航运之间的合作逐渐从企业扩展到行业，甚至拓展到世界范围内的港航合作。通过调查研究，分析世界港口和航运的发展趋势，探索世界上不同国家、不同层次、不同行业之间的港航合作成功经验及失败教训，把握不同地区、不同时期港航合作的规律，探寻各类港航合作模式的历史背景、适应条件、存在问题及应对策略。

（四）中国-东盟港航合作现状

以中国-东盟国家之间的海运航线为纽带，勾勒出中国-东盟国家之间的航运合作历程，以东盟国家的港口为主线，探寻中国在港口领域的存在，分析中国-东盟国家港口的合作现状。结合中国与东盟国家之间经贸的发展，研究中国与东盟国家港航合作过程中存在的问题及所面临的各种障碍。

（五）中国-东盟港航合作构想

中国与东盟各国之间的港航合作需根据国家的特点来选择合作领域和合作模式，以开辟航线为港航合作的起点，可逐步向港航信息共享、港口投资、技术转让、船员培训、航海教育等领域拓展。在合作方式上尤其要把握合作方国家的相关政策、法律、文化、历史等因素，科学合理地选择适当的合作时机和合作方式。

四、结束语

在新的政治经济条件下加强中国-东盟港航合作是世界经济发展的历史机遇，也面临历史、文化、政治、法律等各方面的挑战。深入研究中国-东盟港航合作面临的问题和困难，提出中国-东盟在港航领域的有效合作模式及建立相应的合作机制，是推动区域经济健康持续发展的有效保障。

参考文献

[1] 金刚. 区域港口合作竞争研究 [D]. 大连：大连海事大学，2012.

[2] 孙家康. 港航合作，共谋发展 [J]. 水运管理，2010，32（7）：16-18.

[3] 李鸿斌，黄永安. 广州港集团联合粤桂琼港航界深化泛珠合作 [J]. 珠江水运，2014，（24）：35.

[4] 钱佳. 现代港航物流的发展趋势——港航企业合作联盟化 [J]. 水运管理，2014，36（7）：35.

[5] 辜芳昭. 加强闽台港航业务拓展与合作 [J]. 政协天地，2014，（Z1）：30.

[6] 黄志勇. 不失时机地深化桂台港航业合作 [J]. 市场论坛，2013，（7）：5-8.

[7] 刘军. 西北欧港口合作及对我国港口合作发展的启示 [J]. 港口经济，2013，（12）：13-15.

[8] 麦文翰，刘炫. 泛北部湾与泛墨西哥湾港航合作比较研究 [J]. 经济视角，2010，（1）：34-36.

[9] 孙剑秋. 打造中国-东盟陆路物流枢纽 务实推进中国-新加坡经济走廊建设 [J]. 东南亚纵横，2014，（10）：33-35.

[10] 王常红，王益良，张波. 中越红河界河段跨国航运的合作开发研究 [J]. 中国水运，2013，13（4）：29-31.

[11] 张英福. 中国-东盟合作背景下广西沿海港口物流发展对策研究 [J]. 现代商业，2012，（22）：60-61.

[12] 林子荣. 我国港口航运业发展与中国-东盟双边贸易的互动关系研究 [J]. 广西社会科学，2014，（11）：42-47.

[13] 林琳，王欣. 中国-东盟贸易与投资合作发展研究 [J]. 东岳论丛，2015，36（1）：149-152.

[14] 郭宏宇,竺彩华.中国-东盟基础设施互联互通建设面临的问题与对策[J].国际经济合作,2014,(8):26-31.

[15] 隋博文,傅远佳.中国-东盟海上互联互通:现实考察与对策设计[J].对外经贸实务,2015,(1):28-31.

[16] 朱培德.以务实行动搭建"一带一路"沿线港航发展合作平台[J].大陆桥视野,2014,(11):40.

[17] 白力群.加强国际港航合作 发挥交通先导作用[J].大陆桥视野,2014,(11):44-45.

推进广州国际航运中心建设的产业思考

吴燕子

（广州航海学院　港口与航运管理系）

产业是国际航运中心建设和发展的重要基础，广州尽管拥有优越的港口资源和区位优势，但是一直以来都以华南航运中心自居。随着广州港南沙港区投产使用，广州港完成了从"河港"到"海港"的转变，成为我国集海、河两港于一体的沿海港口，港口吞吐能力和竞争力大幅提高。2009年，广州市在《珠江三角洲地区改革发展规划纲要（2008—2020）》的指导下提出要打造广州国际航运中心，建设与香港错位发展的国际航运中心。世界经济重心逐步东移带动了环太平洋新兴经济体的崛起，也引发了对世界经济贸易规则重塑的期待，随着"一带一路"战略的逐步实施，广东自贸区南沙片区的建设为广州国际航运中心建设带来了新的机遇。2015年，广州提出要加快建设国际航运中心，构建国际航运中心、物流中心、贸易中心以及金融服务体系相互融合的格局。如何科学合理地布局广州国际航运中心的航运主导产业、航运配套产业和航运支撑产业，成为当前建设广州国际航运中心亟待解决的问题。

一、国际航运中心产业发展的相关研究

针对国际航运中心产业发展问题，研究成果主要体现在产业成长、产业体系和具体的航运相关产业领域。

在产业成长方面，章雁（2014）基于国际航运中心与构成要素的诠释，阐述上海国际航运中心建设能级提升的突破口，论述产业成长视角下上海国际航运中心评价研究，并提出在产业成长视角下的上海国际航运中心增进对策；张颖华等（2011）借鉴产业生命周期理论，把港航产业成长分为低级、中级、高级、后高级四个阶段，并且对应于这四个阶段，提出国际航运中心也相应经历了萌芽、第一代国际航运中心、第二代国际航运中心、第三代国际航运中心的功能转换，而国际航运中心功能的完善及竞争力的提高，必须依靠港航产业这个产业载体，通过改变成长方式完成成长阶段的升级来实现。

在产业体系方面，陈瑞琦和杨丰强（2014）通过对世界先进航运中心的分析，总结出三种主要的发展模式，为上海航运中心产业体系的构建提供借

鉴。在具体的相关产业领域，主要集中在港航领域，如张颖华等（2013）对港航业融合成长的内涵、动因进行了机理分析，提出了港航产业融合的不同模式，针对上海港航产业融合成长水平偏低的现状提出了实现港航产业成长质的飞跃的政策建议；孟仔敏（2009）以香港国际航运中心为例，重点讲述如何构建国际航运中心产业价值体系并顺利实现升级；杨绍波和陈体标（2011）对国际航运中心航运相关产业税制税种、税制配套环境和税制发展趋势进行了比较。

针对具体的航运相关产业，在临港产业方面，张丽（2005）认为大连要实现国际航运中心的宏伟蓝图，发展临港产业集群是一个重要的战略；侯剑（2011）提出了上海国际航运中心临港产业的结构分析与调整路径。在物流产业方面，孙明（2011）提出建设大陆桥国际航运中心发展航运物流特色产业。曾群华等（2011）提出促进长江经济带物流产业合作与上海国际航运中心建设联动发展的创新性思路，为促进长江经济带现代物流业的合作发展和加快上海国际航运中心建设提供借鉴。

另外还有零星的研究分散在相关产业，如现代服务业产业、海事产业、邮轮产业、船舶产业等方面。冯湛青（2006）为上海国际航运中心的相关产业发展战略提出了一系列构思和设想，这其中包括港口与航运业发展战略、口岸产业发展战略、临港大工业发展战略以及城市化发展战略；刘维林和张娜（2008）提出要构建与国际航运中心相适应的天津现代服务业产业体系；沈晓明（2010）通过对当前上海经济运行情况的分析，指出了推进上海海洋经济发展所面临的机遇和挑战，并提出了从建设现代航运服务、做大做强船舶产业、提高海洋科技实力三方面来提升海事产业和海洋经济水平；梁晓杰（2010）认为邮轮产业是上海国际航运中心建设新的增长领域；杨大刚等（2014）通过船舶产业群与国际航运中心协同关系量化比较，提出改善与增强船舶保险金融、登记、制造与配套产业的协同性的具体措施。

国际航运中心建设离不开产业的支撑，现有相关研究对广州国际航运中心建设具有很好的借鉴意义，但具体到广州国际航运中心的产业布局问题还有待结合广州的现实发展，根据国际国内经济贸易发展趋势做出科学合理的决策。

二、建设广州国际航运中心的基础条件

（一）地理位置优越

广州水路、铁路、公路和航空交通发达，作为华南地区的交通枢纽，已形

成了辐射东南亚,连通世界各地的海、陆、空立体交通网络。依托珠江三角洲纵横交错的河道,形成了"江海直达,连通港澳"的得天独厚的航运条件,通过实施出海航道一、二、三期工程和航道拓宽工程,广州港出海航道设计尺度为有效宽度243米,底标高-17米。珠江口至南沙港区航道通航标准提高至5万吨级集装箱船双向不乘潮通航,10万吨级集装箱船单向不乘潮通航,兼顾12万吨级散货船乘潮单向通航。广州港南沙港区地处珠三角经济腹地中心,是珠江西岸唯一的深水码头,相对于珠三角其他港口,南沙港区更接近广州和珠江西岸的佛山、顺德、中山、江门、肇庆等城市以及东莞的西部等货源生成地,通过港区仅需1~2个小时即可将到港货物送达珠三角各主要城市。珠三角各主要城市,尤其是珠江西岸的城市到南沙港区的距离仅相当于到深圳港、香港的60%~70%。

(二) 服务功能完善

广州港港区由内港、黄埔、新沙、南沙等四大港区和珠江口锚地组成,拥有一批设施先进的大型集装箱、煤炭、粮食、石油和化工等专业化深水码头,以及华南地区最大的滚装船码头。2014年完成货物吞吐量超5亿吨,集装箱1663万标准箱,分别位居世界港口第五、第八位。注册营运船舶1300艘,950万载重吨,占全省总运力的48%。广州港已开通集装箱班轮航线123条,江海联运支线200多条,世界前20位集装箱班轮公司均在广州港开展业务。以广州港集团为依托,可以为广州港物流发展提供船货代、拖车、报关、理货、拖轮等相关配套服务。广州已经聚集了港口航运、港口设计建设、航道疏浚、海上救助打捞、金融保险、海事法律仲裁、口岸通关等机构以及相关联产业。临港工业、物流产业快速发展,广州已成为全国三大造船基地之一、国家汽车及零部件出口基地、珠三角装备制造业基地。

(三) 发展后劲充足

广州港经济腹地以广州市、珠江三角洲和广东省其他地区为主,辐射湖南、江西、广西、云南、贵州、四川等泛珠江三角洲地区,其腹地总面积约200万平方千米,占全国国土面积的1/5,经济实力十分雄厚,国内生产总值约占全国的1/3。作为我国经济最发达的地区之一,珠三角聚集了最具活力的城市,形成了世界日用消费品重要制造基地,泛珠三角地区经济总量占全国比例超28%,近年经济增长速度均高于全国平均增长速度,腹地产业发展迅速,经济充满活力,经济总量大,为广州国际航运中心的建设和发展提供了重要支撑。

广州港南沙港区现有陆域面积47平方千米，规划面积65平方千米，深水岸线35公里，可建设50多个大型深水泊位，能够满足广州市未来30～50年的建港需要。港区土地资源丰富，具备进行规模开发的资源条件，发展空间和潜力巨大。目前南沙港区一期、二期工程已完工，三期工程部分已投入试运营，共有集装箱大型深水泊位12个，大型集装箱岸桥式起重机53台，其中12台额载能力为65吨、起升高度达49米、外伸距离可达70米的大型集装箱岸桥式起重机，可满足目前世界最大集装箱船的作业要求。

（四）相关部门重视

广州市相关部门一直以来都非常重视广州国际航运中心的建设问题，特别是2009年，广州市在《珠江三角洲地区改革发展规划纲要（2008—2020）》的指导下提出要打造广州国际航运中心，建设与香港错位发展的国际航运中心。随着"一带一路"国家战略由构想转向逐步实施，广州市委在2015年年初的十届六次全会明确提出，广州要加快建设国际航运中心，并抓紧制订广州国际航运中心建设三年行动计划，构建国际航运中心、物流中心、贸易中心以及金融服务体系融合的格局。政府工作报告也提出，要把广州打造为国际航运中心。广州港务局明确广州将结合"一带一路"国家战略，依托南沙新区、广东自贸区南沙片区政策优势，加快建设国际航运中心。2015年3月，广州港务局组织召开"建设广州国际航运中心三年行动计划"专家咨询会，为广州尽早建成国际航运中心征求相关领域专家学者的意见和建议。广州市发改委、南沙区政府等政府部门及广州港集团等企业都给予了大力的支持，积极推动广州国际航运中心的建设。

三、广州国际航运中心产业布局的思考

广州国际航运中心的建设要以国际航运中心发展的要素为主线，明确广州建设国际航运中心的产业基础，以国际航运中心产业发展趋势为引领，把握广州国际航运中心的产业发展方向，实现广州国际航运中心产业的科学合理布局。

（一）国际航运中心产业发展趋势

国际航运中心能够满足腹地经济和贸易发展要求，并具有显著的区域性辐射效应的货物集散地，是以港口能力作为基本条件，以航运要素聚集为能量，适应航运公司航线运营和利益相关者资源配置。国际航运中心核心模式和主导

功能也由低级向高级不断推进，共产生了四代国际航运中心，形成了各具特色的发展模式。深入分析世界上各国际航运中心的发展和演变历程，探索国际航运中心的要素条件，把握国际航运中心产业的发展趋势。

（二）建设广州国际航运中心的产业基础

广州是华南地区的交通枢纽，水路、铁路、公路和航空交通发达，已形成了辐射东南亚，连通世界各地的海、陆、空立体交通网络。尤其是珠三角河道纵横交错，航运资源条件优越，拥有"江海直达，连通港澳"得天独厚的航运条件。通过理论分析与实地调研相结合，全面搜集广州国际航运中心发展的港口条件、腹地经济基础及航运产业规模，深入分析建设广州国际航运中心在功能、设施、市场等产业方面存在的问题。

（三）明确广州国际航运中心的发展产业

根据航运中心发展的需要考量产业发展，深入分析广州国际航运中心港航相关产业发展现状、存在问题及发展方向，以新型航运产业的形成与发展为契机，把握航运金融、航运物流、国际商贸等航运主导产业在广州国际航运中心的发展趋势，规划邮轮产业、船舶经纪、船舶交易、航空服务等各类航运服务业配套的相关产业，确定船舶制造、海洋工程、港口工程、工业机器人、汽车制造等临港装备制造业及通用航空制造、飞机零部件生产与维修等临空装备制造业作为广州国际航运中心的支撑产业。

（四）广州国际航运中心产业的合理布局

广州国际航运中心产业的布局要以南沙港为核心，以空港和铁路为两翼构建国内、国际两个区域的网络，实现以南沙港区、新沙港区、黄埔港区、内港港区、无水港、南站商务区为依托，构建海港、陆港、空港、铁港、信息港的空间格局。

参考文献

[1] 章雁. 产业成长视角下上海国际航运中心评价与增进策略研究 [J]. 世界海运, 2014, 37 (12): 6-9.

[2] 张颖华, 孔讱炜, 张书源. 港航产业成长与国际航运中心建设关联研究 [J]. 华东经济管理, 2011, 25 (2): 53-56.

[3] 陈瑞琦, 杨丰强. 国际航运中心产业体系的构建及其启示 [J]. 现代管

理科学, 2014, (12): 49-51.

[4] 张颖华, 袁蔚, 张书源. 港航业产业融合成长模式研究——基于提升国际航运中心功能的视角 [J]. 企业经济, 2013, (8): 118-121.

[5] 孟仔敏. 浅析港航产业价值体系的构建与升级——以香港国际航运中心为例 [J]. 科技创新导报, 2009, (19): 188-189.

[6] 杨绍波, 陈体标. 国际航运中心航运相关产业税制比较 [J]. 中国港口, 2011, (11): 48-50.

[7] 张丽. 发展临港产业集群 建设国际航运中心 [J]. 合作经济与科技, 2005, (2): 17-20.

[8] 侯剑. 上海国际航运中心临港产业的结构分析与调整路径 [J]. 中国港口, 2011, (5): 49-51.

[9] 孙明. 建设大陆桥国际航运中心 发展航运物流特色产业 [J]. 大陆桥视野, 2011, (1): 41-43.

[10] 曾群华, 徐长乐, 胡玲玲. 长江经济带物流产业合作与上海国际航运中心建设的联动发展研究 [J]. 华东经济管理, 2011, 25 (4): 5-7.

[11] 冯湛青. 上海国际航运中心相关产业的发展战略 [J]. 国际商务研究, 2006, (2): 17-20.

[12] 刘维林, 张娜. 构建与国际航运中心相适应的天津现代服务业产业体系 [J]. 港口经济, 2008, (12): 33-35.

[13] 沈晓明. 加速上海国际航运中心建设 提升上海海事产业和海洋经济发展水平 [J]. 上海造船, 2010, (1): 6-8.

[14] 梁晓杰. 邮轮产业——上海国际航运中心建设新的增长领域 [J]. 世界海运, 2010, (3): 33-35.

[15] 杨大刚, 王学锋, 金琳. 船舶产业群与国际航运中心协同关系量化比较 [J]. 中国航海, 2014, 37 (2): 109-112, 121.

完善集疏运体系　服务广州航运中心建设

夏新海

（广州航海学院　港口与航运管理系）

集疏运体系作为连接港口与腹地的"大动脉"，是港口与广大腹地相互联结进行一体化运输组织的关键，也是国际航运中心建设的重要组成部分。2015年，为了适应国家"一带一路"、海洋强国、海运强国等新战略，并且在把握国家经济新常态的背景下，广州提出"三中心一体系"，明确要构建广州国际航运中心，将带来港口腹地范围、与腹地间功能联动关系的深刻变化，并有利于广东自贸区南沙片区的转型和完善，也对其中作为基础支撑的港口集疏运体系的完善提出了更高的要求。广州作为国家中心城市，综合交通枢纽功能突出，形成了较好的集疏运条件，为建设国际航运中心提供必要的硬件基础。但对比国际著名航运中心，广州航运中心集疏运体系仍然需要完善，多式联运发展不平衡。集疏运发展现存的最主要问题表现为对生态环境的直接污染，公路交通运输的超负荷，铁路交通运输的运力闲置，以及水路交通运输的忽略，等等。集疏运体系不是狭隘地理解为"运输设施"或"运输方式"，其包含了港口群、腹地等众多关键要素。从地域上讲，一些学者针对上海、天津、大连建设航运中心为背景进行了集疏运系统的研究，主要从构筑理念、规划策略、发展趋势等方面进行论述。本文从航空、航运、高铁、三港联动等几个方面探讨广州国际航运中心集疏运体系的完善策略。

一、航空集疏运体系

广州航空集疏运体系目标为建设集高铁、城轨、地铁、高速路和民航等多种交通方式于一体的世界级综合交通枢纽。

（一）进一步提升白云机场基础设施能级，提升国际客货邮的中转功能

（1）加强跑道和航站楼的扩建。第三跑道和二号航站楼的建成和投入使用，使得白云机场在运行方面更加"从容"。据估算，第三跑道投入使用后，白云机场东跑道高峰小时航班起降架次会提升40%。而面积约60万平方米的

白云机场二号航站楼则突出了机场的中转功能。二号航站楼从设计上将重点满足国际转国内、国际转国际和国内转国际等中转客人的需求。

（2）加强白云机场综合交通枢纽工程的同步建设。为了提升白云机场的区域辐射能力和服务集散能力，需要加强白云机场综合交通枢纽工程和白云机场扩建工程的同步建设。将广佛环线、穗莞深2条城际轨道并线引入白云机场一号和二号航站楼，广清城际轨道通过广州北站与白云机场之间的轨道交通实现与机场对接。依托这3条城际轨道交通，将形成以白云机场为核心，直达珠三角东部、西部和粤北地区的三大城际轨道通道网络。同时，通过建设机场北站直达机场的快速路，实现白云机场与高铁和广州市内重要枢纽站场的快速衔接。广州地铁3号线可延伸至白云机场2号航站楼，实现机场与地铁9号线互联。

（3）提升白云机场通关效率。深化与联检单位的合作，争取各联检单位进一步创新通关措施，简化通关手续，提升白云机场通关效率，使白云机场通关水平达到世界级航空枢纽机场标准。

（二）加快南沙商务机场建设，服务高端商务人群及高端货运

与民用机场相比，商务机场规模小得多，跑道也要短很多，对硬件资源配套、净空条件的要求相对较低。目前广州地区的商务机出行服务保障主要依赖白云机场，如果在南沙建起专门的商务机场，将可为白云机场腾出更多空间服务于一般运输航班。同时，专门的商务机场将形成专业的服务链，包括商务机的停放、维修、保障等等。广东自贸区南沙片区挂牌后，南沙商务机场必将吸引聚集粤港澳的高端商务人群，有助于确立南沙的国家新区龙头地位。南沙商务机场定位与大型运输机场服务于公众的性质不同，是通用航空服务于高端商务人群及高端货运的机场，商务机场的功能更灵活、建设规模相对小、周期短、经济拉动效应明显。而粤港澳地区国际机场的密度已经相当高，商务机场则十分欠缺，南沙建设商务机场将有更巨大的市场需求。南沙商务机场靠近广州南站，陆空联动形成对接，能充分发挥机场和高铁的合力作用。

二、航运集疏运体系

（一）增大港口基础设施能力

推动广州港与"海丝"沿线国家港口的基础建设合作，共建友好港口；

促进国内外知名航运公司挂靠，巩固传统外贸航线及业务的同时，以南沙港区为核心，推进国际集装箱班轮航线开发，开拓海上新丝路沿线国家特别是东南亚、非洲国家港口和业务往来，努力降低物流成本，进一步拓宽现代海上新丝路，谋求新的发展；加快集装箱、滚装汽车、煤炭专业化泊位建设，提升港口专业化运输能力和规模；加快出海航道建设和深水航道拓宽工程，提高内河航道等级，改善通航条件，适应船舶大型化的需要；重点配套建设南沙疏港铁路建设，着力提高口岸集装箱换装能力，适时进行大型集装箱装卸机械的采购和安装，扩大车站的装卸能力，实现集装箱铁路运输与港口的"无缝"对接。

（二）优化航运集疏运体系结构

（1）强化江海联运。发展珠江流域"水上高速公路"，重视江海直达，增强广州港对支线港货源的吸纳能力。西江是我国仅次于长江的水运大动脉，素有"黄金水道"之称，但其航运优势远未得到充分发挥。需要打通"黄金水道"经脉，干支结合构筑"水上高速网"。采用专门设计的江海两用新船型，减少江海转运环节，实现"一驳到底"，提高集装箱运输效率。加大集装箱公共驳船快线"穿梭巴士"运力建设投入，形成覆盖泛珠三角的集装箱"穿梭巴士"支线。打造连接广州港与珠三角乃至泛珠三角各码头之间的水路集疏运网络，适应不断增长的集装箱吞吐量。进一步增加水路集疏运网络支线设置，实现珠三角各主要中小码头的全覆盖，并在内三角的基础上向外三角延伸，进一步覆盖海南洋浦、广西钦州、广东汕头等沿海码头。

（2）提升公路集疏运能力。争取南沙港快速路对集卡车辆优惠收费，有效发挥其短距离的便捷优势，提高公路网络使用率。优化老港区疏港道路网络，增加路线引导标识设施，改进不合理的道路设置，统筹规划进港货运车辆停放区域，提升港口公路集疏运能力，加强港区与临港商务区的有效衔接。

（3）积极推动海铁联运。积极推动南沙港区进港铁路和编组站建设。加强黄埔港区海铁联运，在云贵川及相邻省份，向铁路运营部门争取集装箱班列号，争取集装箱班轮运价下浮，进一步提升铁路集疏运能力和价格优势，拓宽内陆和非沿江地区货源。

（4）探索海空联运。积极研究高价值特色货类便利通关方案，提升香港机场—南沙保税物流园区空水联运效率。依托南沙港区集装箱干线网络建立与白云国际机场的海空联运通道，逐步发展海空联运业务。

（三）完善集疏运功能

解决支线泊位缺乏、内河集装箱船舶与近远洋船舶交叉作业的问题，必须尽快建设支线集装箱专业码头。尽快开工建设南沙港区的支线集装箱专业码头，在珠江口开辟新锚地，规范船舶抛锚秩序。还应加大对专用支线码头、锚地等配套设施的投入，增加运能，缩短运行时间，促进国际中转的发展。

三、高铁集疏运体系

（一）加强铁路枢纽设施建设

（1）客运站方面。在三大客运站的基础上，增加新塘、广州北和佛山西客运站，均衡客流方向，方便旅客换乘。

（2）货运站方面。根据货运站外移的要求，优化货运格局，对枢纽内的货运站进行适当压缩和合并，撤销规模较小的货场，形成枢纽外围东南西北各方面的大型综合货场及集装箱办理站。

（3）编组站方面。改造江村编组站，远期考虑规划柳肇线上的竹山站作为辅助编组站，最终形成一主一辅格局。

（4）线路接入方面。将规划和建设的线路按照衔接方向就近接入枢纽既有站，从而完成新线和改造线路的衔接规划。

（二）将轨道交通与高铁站一体化布置，建设以轨道交通集散为主的交通系统

如广州南站地区共规划有5条高速铁路、3条城际轨道和5条城市轨道。轨道线网基本呈放射状，衔接了广州白云机场和南沙海港，通过与机场、海港的贯通，实现对全国甚至全世界的交通互达，同时较好地覆盖珠三角大部分城市和地区。

（三）构建放射型道路交通网络

构建放射型道路交通网络是支撑枢纽的基础，而快速衔接高快速路是实现交通流快速集散的重要保证。针对广州南站所在区位特征、站体的布置形式及周边的现状特征等因素，路网模式采用放射型路网结构，打通区域快速通道，提升广州南站的区域带动力。

四、三港联动

（1）货运方面。建设一体化货运体系，构建以沿海主要港口为核心的国

际货物运输通道和以空港为核心的快速国际物流集疏运网络；完善以机场、高速公路、干线铁路及沿海、内河航运为主的国内物流网络及区域物流配送与快递服务网络。如对于涵盖铁陆空的大田集装箱中心站、广州北站、白云国际机场之间搭建便捷的交通网络，实现空铁陆快速转换，形成"大田—北站—机场"的三港"大格局"，以构建形成全亚洲最大的物流中心。

（2）客运方面。建设综合客运体系，构建以空港、高速铁路为主体的跨区域快速客运网络；形成以高速铁路、城际轨道、高速公路为依托，以普通公路为补充，各种运输方式间便捷转换的区内城际旅客运输网络；完善以地铁、城市公交汽车、出租汽车、农村客运班线为一体的城乡公共交通运输网络。建立公众出行信息服务平台、物流公共信息平台和运输监控平台以及维修救援网络，形成运输一体化服务保障体系。

参考文献

［1］王震国．完善上海国际航运中心集疏运体系［J］．交通与运输，2014（11）．

［2］全波，李鑫，李科．建设北方国际航运中心——天津港多层次集疏运系统的构建［J］．城市交通，2014（7）．

［3］陈祥燕，陈伟炯，吕长红．国际航运中心城市集疏运体系发展现状与未来趋势［J］．港口经济，2014（5）．

［4］雨辰．申城亟待优化现代化城市集疏运体系——国际航运中心视野下上海城市集疏运体系建设研讨会综述［J］．上海城市管理，2013（11）．

［5］王维凤．城市道路集疏运体系的构筑理念及其规划策略——以上海国际航运中心建设为例［J］．上海城市管理，2013（11）．

［6］陈秀平．打造"两型两化"内河集疏运体系，服务上海国际航运中心建设［J］．交通与运输，2012（5）．

［7］周翔，张雁．上海国际航运中心货运集疏运体系发展的关键问题研究［J］．上海城市规划，2012（4）．

［8］李广钊，李任涵．基于广义费用最小的上海国际航运中心集疏运干道研究［J］．山东交通学院学报，2010（12）．

［9］蔡伟杰，裘薇，贾瑞伟．上海国际航运中心实现航运集疏运体系和航运服务体系的信息化路径［J］．2010（10）．

［10］李耀鼎．上海国际航运中心集疏运体系"十二五"发展之我见［J］．上海城市规划，2010（8）．

［11］宁潇，徐剑华．上海国际航运中心的集疏运体系建设研究［J］．港口经济，2009（8）．

［12］俞晓晶．国际航运中心的集疏运体系［J］．水运管理，2009（7）．

［13］邢舵．大连东北亚国际航运中心集疏运系统优化研究［D］．大连：大连交通大学，2008．

［14］李耀鼎，祝毅然．上海国际航运中心集装箱集疏运体系面临挑战与对策［J］．集装箱化，2008（7）．

21世纪海上丝绸之路背景下的广东自贸区发展

陈文宇

(广州航海学院 航运经贸系)

2014年12月,国务院决定设立中国(广东)自由贸易试验区(以下简称广东自贸区)。广东自贸区涵盖三片区:广州南沙新区片区(广州南沙自贸区)、深圳前海蛇口片区(深圳前海自贸区和深圳蛇口自贸区)、珠海横琴新区片区(珠海横琴自贸区),总面积116.2平方千米。广东自贸区立足面向港澳深度融合。2015年3月24日,中共中央政治局审议通过广东自由贸易试验区总体方案。2015年4月8日,国务院印发《中国(广东)自由贸易试验区总体方案》。2015年4月19日,广东自贸区挂牌成立,广东自此进入了自贸区时代。广东自贸区是广东未来发展的重要引擎,也是广东深入参与21世纪海上丝绸之路的重要载体。

一、广东自贸区在21世纪海上丝绸之路的独特优势

广东作为中国的南大门,是中国对外贸易最早、发展最为繁荣的通商口岸。从古代唐朝到近代的清朝,广州始终是海上丝绸之路上的关键港口,具有无可取代的历史地位。目前,广州港是中国第四大港口,吞吐量居世界第五位,广州港国际海运通达80多个国家和地区的300多个港口,并与国内100多个港口通航,是华南地区最大的对外贸易口岸。为了对接国家"一带一路"战略,积极参与21世纪海上丝绸之路建设,广东自贸试验区正在推进海上丝绸之路沿线港口城市联盟建设,与沿线各节点城市深化港口设施与海上运输等有关项目的合作。

从海上通道来讲,广东是21世纪海上丝绸之路的桥头堡。

首先,从发展的现状来看,广东的GDP和对外贸易在全国首屈一指,而且地理位置和东盟比较接近,与东盟各国的经贸合作也最为紧密。另外,广东跟中东和欧洲国家的合作也较为紧密,合作领域涉及三大产业,其中以石油能源、制造业、海洋渔业等领域为主。在人文社会领域,广东是著名的侨乡,濒临港澳,而且与欧洲等西方国家的人文交往比较频繁。广东的制造业、服务业

要全面走向世界，就要把自贸试验区的制度创新做起来，扩散到自贸区之外，到"一带一路"特别是21世纪海上丝绸之路的大平台上去。

其次，广东港口资源丰富，广东沿海河口、港湾众多，特别是自贸区内的南沙港和盐田港为海上丝绸之路建设提供了天然良港资源。广东已依托现有的优质港口资源，逐步形成了以珠江港口群为主体、粤西港口群与粤东港口群为两翼的广东港口群。广东地理区位优势也较为明显，地处华南，连接西南，辐射中南地区，而且腹地经济发达程度较高。由于特殊的地理优势，广东可以成为西南、中南地区参与21世纪海上丝绸之路建设的理想通道。广东港口群毗邻香港国际中转枢纽港，区位优势明显。从航线来说，广东地处连接东亚、南亚的关键区域，广东港口群拥有通往东南亚、南太平洋、印度洋西岸东非国家的最短航线，是联通西亚和欧洲、实现海上丝绸之路与陆上丝绸之路对接的最便捷通道。

如果说基础设施建设是"一带一路"的血脉，那么港口就自然成为注入国际新鲜血液的重要血管。作为21世纪海上丝绸之路的必要通道和通往亚洲、欧洲、美洲的必要门户，港口对我国未来发展的战略意义不言而喻。作为全国综合运输体系的重要枢纽、华南地区的重要外贸口岸，广州港不仅拥有发达的腹地经济，优越的深水航道自然条件，而且近年来在航运软实力开发等方面也跃跃欲试。开发内陆货源，向粤北、中南、西南等内陆腹地延伸物流链。南沙港要重点发展服务功能，比如说航运结算能不能到南沙来，以及法律仲裁、审计会计的标准化。假如南沙有一个高端服务局，这个开放的会计准则和审计准则，既能跟欧洲大陆衔接，又能跟英美等国衔接。全球十大港口中我们拥有7个，但是法律、结算等功能却没有，这就需要我们更开放。对广东来讲，不仅仅是对香港的开放，也要把自身的资源扩展到全球去。未来不排除深圳和香港实现同城化；未来还可能有港深和南沙的区域一体化。开通挂靠东盟等国家港口的航线达30多条，从南沙至斯里兰卡、印度西北部及巴勒斯坦的航线也已开通。广州作为中国和东南亚地区的主要交通枢纽，从广州白云机场到东南亚各国的空中航线也超过100条，促进了广州与东盟和南亚国家之间互通有无。根据推动共建丝绸之路经济带和21世纪海上丝绸之路的愿景与行动的战略要求，广东自贸区将为服务粤港澳及东盟、南亚等国家，以广州港为龙头等一系列港口，打造成为21世纪海上丝绸之路的重要枢纽。在转型阶段，21世纪海上丝绸之路战略将对珠三角的港口覆盖面、产业升级产生巨大的促进和提升作用。同时，广东也是华侨大省，与沿线国家和地区人文纽带长期不断，这个优势将很好地促进广东与21世纪海上丝绸之路战略的良好结合。

最后，广东拥有建设"海上新丝路"的雄厚经济实力和外贸优势。广东国内生产总值和外贸规模多年排在全国首位,积累了雄厚的经济实力。2014年,广东的 GDP 及对外贸易总额分别为 6.78 万亿和 6.61 万亿,两项同时名列全国榜首,能够对"海上新丝路"国家战略实施给予有力支持。广东与"海上新丝路"沿线国家已经形成了良好的经贸合作关系。以广东与东盟经贸合作为例,广东与东盟贸易发展势头良好,即使受到国际金融危机影响,双方贸易也比总体平均速度快。2007 年至 2012 年,双方贸易平均增速为 10.53%,超过广东外贸的平均速度(9.18%);其中,出口增速为 14.13%,更是远远超过广东出口增速(9.23%)。可见,广东拥有与"海上新丝路"沿线国家发展经贸关系的优势,构成了广东与"海上新丝路"各国经贸合作的基础,也构成了广东参与"海上新丝路"建设的优势。

二、海上丝绸之路建设推动自贸区发展

21 世纪海上丝绸之路建设将对广东沿海港口及周边城市产生直接影响。21 世纪海上丝绸之路战略的实现,将进一步促进东西方和沿线各国之间的经济、文化交流,可能会对自贸区发展产生如下影响:

(一)海上丝绸之路建设推动自贸区航运业发展

首先,21 世纪海上丝绸之路计划要求自贸区港口进行产业升级。海外贸易在过去 30 年中对珠三角经济发展发挥了巨大的推动作用,但随着劳动力成本优势的丧失,自贸区的发展必须依托技术和模式创新培育自主品牌,鼓励企业坚持以持续的应用技术、管理模式和商业模式创新为核心,坚持以优化管理控制成本、提升品牌和服务附加值为抓手,实现由单纯的生产制造商向整体解决方案供应商转型为目标的产业价值链升级。

其次,海上丝绸之路推动广州国际航运中心建设。国家在推进建设 21 世纪海上丝绸之路的过程中,广州正努力以南沙自贸区为依托建设国际航运中心,进一步推动港航发展方式转型升级,加快发展港口现代物流业,加快航运人才培养,完善与现代物流业相匹配的基础设施,拓宽服务领域和功能。广州准备以广州航运交易所为平台,大力发展现代高端航运服务业,推进航运服务集聚区建设,建立并完善与航运金融、航运保险、海事法律、海事仲裁等高端航运服务业发展相适应的政策与措施,大力发展航运金融、航运交易、航运信息与技术、海事法律服务、现代物流、滨海休闲旅游业和航运总部经济。

广东自贸区将在航运发展创新方面做出更多改革,其中包括:①在南沙设立粤港澳国际航运综合试验区,积极与国际接轨。粤港澳国际航运合作创新涉

及市场准入、体制改革、航运产业相关政策突破创新等问题，为平稳有序地推进粤港澳国际航运合作创新，必须首先进行相关改革试验，其中应着力探索粤港澳国际航运合作的有效模式；广东航运制造业与港澳现代航运服务业互动协调发展的体制；着力建立与国际高效接轨的机制；港口及港口周边城区转型升级发展的新模式。②应积极向国家申请赋予广东自贸区相关试验权，如推进航运金融改革创新试验；推进开展船舶注册与船舶抵押制度改革试验；推进开展邮轮、游艇产业政策创新试验；支持开展船员劳务注册改革试验；支持开展航运税收政策改革试验；支持开展航运市场开放及投资审批政策试验。

最后，构建航运人才高地。广州国际航运中心建设必须构建航运人才高地。一是重点吸引航道设计与施工、港口技术管理、引航、航运经营管理、船舶驾驶与轮机等五类紧缺航运人才。二是加大航运专业人才的培养力度，构建航运专业人才阵地。广州要发展现代航运产业，成为国际航运中心，除了需要具有利于国际机构经营发展的硬件设施外，还大量需要在航运行业的政策、法律、金融、企业管理、市场管理等领域具有国际航运水平的人才。因此，广州政府必须加大航运人才的培养力度，充分发挥广州丰富的教育资源优势，构建航运人才的教育机制和管理机制，培养大量航运专业人才，特别是要注重中高层次专业人才的培养。三是要设立和完善航运专业人才的引进机制，为专业人才提供良好的生活环境和工作环境，让广州成为航运专业人才的集合地，为广州建设成为国际航运中心提供人才保障。

（二）海上丝绸之路建设推动自贸区框架下粤港澳深度融合

21世纪海上丝绸之路对于粤港澳来说是一个重要的发展机遇，粤港澳可以在现有CEPA（《内地与香港关于建立更紧密经贸关系的安排》）及《珠江三角洲地区改革发展规划纲要（2008—2020年）》基础上，借助广东自贸区这一重要平台，要积极探索在"一国两制"框架下，粤港澳航运资源优势互补、有效整合的模式；坚持粤港澳国际航运产业合作上的高端化、现代化，推动港澳国际航运高端产业向内地延伸和拓展，带动广东航运服务产业高端化发展；坚持制度建设上的先进性、国际性，以体制机制的创新促进粤港澳国际航运合作水平的提高，并为内地新一轮改革开放探索新模式。

在广东自贸区的建设中，广州南沙、深圳前海蛇口、珠海横琴三个片区各具特色，但三者融合起来作为一个整体又具有综合性。

南沙处于珠三角的中心，具有综合性优势，是港澳企业在广东的落脚点之一；前海蛇口依托香港，在金融创新和人民币国际化方面肩负重任；横琴新区面向澳门，发展定位于七大产业，即休闲旅游、商务服务、金融服务、文化创意、中医保健、科教研发和高新技术等。三者定位各有侧重，互补错位发展，有利于强化广东自贸区粤港澳合作的特色，加强广东加快转型升级的探索，共同促进粤港澳经济合作更加融合。

粤港澳全面合作示范区广东自贸区广州南沙片区总面积60平方千米，分成了7个区块：海港区块、明珠湾起步区区块、南沙枢纽区块、庆盛枢纽区块、南沙湾区块、蕉门河中心区区块、万顷沙保税港加工制造业区块。最大15平方千米，最小3平方千米，其中涉及港口、交通、保税物流和加工的区块面积占比过半。有知悉广东自贸区申报过程的政府人士表示，这7个区块功能规划各有侧重，同时没有"围网"，区块可以带动周边更大范围区域的发展。南沙的定位是香港企业在广东的落脚点之一，可以发展加工制造业、物流业、贸易、港口、教育、旅游等领域，其中航运物流业将成为南沙发展的重头。南沙的面积有800多平方千米，差不多是香港面积的八成。在目前香港同广东南沙、前海、横琴的几个特殊合作区域中，唯有南沙有可能划出可观面积的土地与香港共同开发。这对于目前受困于土地资源严重不足、很多产业无法发展的香港来说，如果能拿出一套切实可行的合作开发方案，就可以形成共赢局面。

作为面积最大的自贸区，南沙将形成独具特色的粤港澳全面合作示范区。南沙区委常委董可曾表示："作为粤港澳合作的国家级新区，南沙梳理了8个领域作为与香港合作的重点领域，包括了城市规划建设、金融、高端商贸、中医药和生物技术、数据服务、航运物流等等。"截至2017年，南沙将在制造业、贸易、港口、教育、物流、旅游等领域引入4000亿元人民币资金。目前，在南沙新区拥有生产基地或即将搬迁的上市公司广船国际、白云山、广汽集团、广州浪奇、珠江啤酒、东凌粮油或将迎来机遇。

当然，21世纪海上丝绸之路背景下的自贸区作为国家战略层面上的发展，并非仅指粤港澳经济合作，而是在立足港澳的基础上，充分发挥广东与丝绸之路沿线国家的合作，尤其是与东盟国家的合作。

参考文献

[1] 陈万灵．广东参与"海上新丝路"的战略思考［J］．广东经济，2014 (9)．

[2] 李飞星．广东参与"一路一带"建设的战略选择［J］．开放导报，2015 (2)．

[3] 卢文刚等. 广东省参与"21世纪海上丝绸之路"的战略选择[J]. 经济纵横, 2015 (2).

[4] 罗凯等. "一路一带"战略背景下的广东自贸区迎来发展机遇[J]. 中国港口, 2015 (5).

[5] 汪涛. 广东自贸区: 粤港澳合作新平台[J]. 中国远洋航务, 2015 (5).

[6] 王海峰. 广东参与建设"一带一路"自贸区创新扩至"海丝"平台[N]. 南方日报, 2015-6-3.

广东沿海港口油气储运安全及其保障机制

周 艳

(广州航海学院 港口与航运管理系)

一、新形势下开发海上丝绸之路战略的背景

海洋是连接各国经济文化的海上交通大动脉，早在公元前 11 世纪，岭南先民就开辟了南海丝绸之路，古老的海上丝绸之路自秦汉时期开通以来，一直是沟通东西方经济文化的重要桥梁。唐中后期，陆上丝绸之路因战乱受阻以及中国经济重心转移至南方，海路开始取代陆路成为中外贸易主通道。宋元时期，随着东西方世界格局的变化、航海技术的突破和经济贸易的发展，海上丝绸之路达到了鼎盛。

2013 年 10 月，习近平总书记访问东盟国家时提出 21 世纪海上丝绸之路的战略主张，2013 年 11 月的《中共中央关于全面深化改革若干重大问题的决定》中也强调，"推进丝绸之路经济带、海上丝绸之路建设，形成全方位开放新格局"。李克强总理在 2014 年 3 月 5 日所作的政府工作报告中提出，抓紧规划建设"丝绸之路经济带"和"21 世纪海上丝绸之路"。21 世纪海上丝绸之路作为国家发展大战略，是在世界格局发生复杂变化的当前，中国以和平、合作、开放、包容为合作原则营造良好国际环境、实现和平发展战略的延伸。海上丝绸之路是中国连接世界的新型贸易之路，其核心价值是通道价值和战略安全，其中能源合作是海上丝绸之路战略的重要内容。

随着中国经济的发展，中国对海上贸易以及能源通道安全的需求逐渐增加。当前中国经济处于快速发展阶段，在过去的 20 年里，中国的能源消耗猛增了 200%，尤其是中国在 2030 年前完成 4 亿人城镇化转变的目标前提下，能源需求，包括油气能源（石油和天然气资源）需求将会在未来有更大的提高。根据国家海关公布的数据，2014 年我国进口原油 3.1 亿吨，我国原油对外依存度为 59.6%，向中国出口原油的主要国家依次是沙特阿拉伯（16.11%）、安哥拉（13.18%）、俄罗斯联邦（10.74%）、阿曼（9.65%）、伊拉克

（9.27%）和伊朗（8.91%）等6个国家，约占进口总量的68%。2014年，天然气进口量为590亿立方米，对外依存度上升至32.2%，按照向中国输入天然气数量的比例，依次为土库曼斯坦（管道气，占43.72%）、卡塔尔（LNG，占15.71%）、澳大利亚（LNG，占5.96%）、马来西亚（LNG，占6.98%）、印度尼西亚（LNG，占5.96%）、乌兹别克斯坦（管道气，占4.17%），这6个国家占进口总量的82.5%。此外，油气中长期的供需预测如表1所示。根据表中数据显示，从中长期来看，我国油气需求量和进口量将不断攀升，对外依存度也逐渐增加。从贸易进口通道看，石油进口以海洋运输为主，且海洋运输路线很大程度上与海上丝绸之路的规划路线相一致；天然气进口中，除了管道天然气外，LNG液化气主要是从中东的卡塔尔和东盟国家通过海运进口到东南沿海（其中广东进口的LNG量占全国进口总量的32.7%）。综上所述，海上丝绸之路沿线国家是我国重要能源物资的出口国，开发新时期的海上丝绸之路对我国的能源安全保障功能将显得极为重要。

表1 我国石油、天然气中长期供需预测

	供需状况	2020年	2030年	2050年
石油（$\times 10^8$ t）	国内需求量	5.5	6.3	8.0
	国内生产量	2.0	2.0	2.0
	供需缺口	3.5	4.3	6.0
天然气（$\times 10^8$ m^3）	国内需求量	3800	5200	6000
	国内生产量	2600	3200	3500
	供需缺口	1200	2000	2500

在承担油气进口方面，与海上丝绸之路其他港口相比，广东在海上丝绸之路西线和南线上有无与伦比的优势：通过南海，进入印度洋，到达南亚次大陆和中亚、中东、非洲国家的航线最短、最便捷。广东沿海的诸多港口是连接广东与丝绸之路沿线国家的海上门户：湛江港有30万吨级原油泊位两个，石油为湛江港支柱类重点货源，吞吐量已突破2000万吨；珠海高栏港有珠三角最大的8万吨级成品油码头，在仓储方面拥有全国最大的油气化学品仓储区，油的仓储量约占广东省的25%，天然气约占20%，是广东省主要的油气集散地；惠州港有30万吨和15万吨原油泊位各两个，原油吞吐量2847万吨，是华南地区规模最大的原油、成品油、液体化工品集散地。在揭阳、深圳、大鹏湾、东莞、珠海高栏港均建设了沿海LNG码头接收站，可以接卸LNG运输船。

二、油气储运的安全问题

石油和 LNG 液化气都属于液态散装危险品，其主要成分是烃类碳氢化合物，具有易燃易爆的危险特性，所以安全性是港口油气储运的主要问题。如 2011 年 7 月，大连新港发生的石油管道爆炸，不仅对海域造成了严重污染，还造成了巨大的经济损失；2011 年 6 月 17 日，"南大油 22"轮进行残油港口作业过程中，油舱爆炸，导致 8 名工人死亡，1 名工人受伤，3 名工人失踪，直接经济损失 939.5 万元，是一起重大海上交通安全事故。2000 年 5 月 4 日，停泊在天津港的"长威二号"液化气船在第二次启泵时船艏泵房发生爆炸事故。船头、前舱及船艏放气阀燃起熊熊大火，船体右舷前部炸开约 5 平方米的破口，泵房电器设备被毁。爆炸产生的冲击波将泊位西操作间的玻璃全部震碎，事故中有 3 名船员受伤。诸如此类的案例都值得人们警醒。所有的安全事故其实都是可以防止的，关键在于树立安全运输的理念和建立完善的安全保障机制。

油气运输储存过程中，由于货物具有易燃、易爆、腐蚀、毒害等危险特性，在一定条件下能发展成事故，主要事故类型为油气的泄漏事故和火灾事故。导致油气储运安全风险性原因主要有以下几个方面：

（一）油气自身的化学特性

油气主要是由烃类碳氢化合物组成，具有易燃、易爆、易挥发以及易中毒等特点，且油气的储运过程是动态的，存在着许多不可测因素，如果储运中存在安全隐患，极有可能引发火灾、爆炸事故，从而大大增加了油气运输的难度。另外，在储运过程中，如果油气的保存不到位，那么极易导致油气挥发，不仅在一定程度上增加了运输成本，而且还会导致严重的环境污染。

（二）运输及储存方式和设施

因为油气具有易燃、易爆、有毒等特征，一般的运输工具不能够运输油气，只能通过特殊的运输环境与运输工具来进行油气的运输，原油经过油轮卸载到港口区储油罐，LNG 卸载后储存在 LNG 接收站，然后主要经过管道进行国内输送。油轮具有油舱多、输油加油线多和水管线多的特点，不同的管道一般都会互相交织。运油船舶一旦发生火灾，燃爆速度非常快，往往造成船毁人亡，且会造成原油的大量泄漏，对附近海域造成严重污染；液化气船在运输和装卸中一旦发生泄漏，也将对周围人员和财产产生极大的威胁。港口油气接收装置为储罐和管道，在这些设施中，油气也同样可能会发生燃爆事故。在进行管道运输之前，先对油气进行加压加热，在加压加热的过程中又容易发生爆炸，进一步增加了油气储运的安全风险。同时，由于油气特有的化学性质，在管道运输过程中，油气会逐渐腐蚀运输管道，从而造成油气的泄漏。此外，目前广东沿海港口具有接卸 $20 \times 104t$ 级以上油轮能力的港口仅有茂名水东、湛江等几个港口，广东沿海其他港口的石油接卸仍然主要采用水上过驳的方式。如广州港属下大部分作业区、码头地处珠江河内，港池水深有限，只有通过水上过驳措施，才能接卸一些无法进港的船舶。目前，珠江口油类过驳采用锚泊过驳方式，现有油类过驳锚地20多处，分布在新造水道、珠江口大屿山和加瓶洲沙角锚地、大虎锚地等。油船在过驳作业过程中，因各种原因会发生货油泄漏事故，造成海洋污染，因此，近年来引起了广泛的关注。

（三）港口管理和执行人员因素

因安全意识和责任心不强而导致船岸衔接不当，因巡检不及时而导致的冒顶、冒罐、接错管线，报警后不采取相应措施，以及作业结束后没有及时扫线，等等，同时构成了"三违"：违章作业、违章指挥、违反劳动纪律。作业人员安全意识淡薄、违章操作（其中违章电焊非常突出）、配合不当、作业人员不掌握作业场所的危险来源、无证上岗、擅自离岗、交接班不严不细、报警后无警觉、超量灌装、错开阀门，形成泄漏源。防爆场所使用非防爆电器、违章吸烟等构成了点火源。

（四）港口装卸设备故障

多起油轮爆炸事故的原因为：风机故障停机后，非防爆区内积聚油气，形成爆炸危险区，启动电源时引发爆炸。此外，会导致泄漏事故的设备故障有：船舶软管崩管，扫线管脱落泄漏，仪表因脱落或损害而导致泄漏，储罐、管线因腐蚀泄漏，储罐、管线、槽车等设备焊缝存在缺陷，输送泵断裂泄漏，管线涨压泄漏，关键阀门未设双阀，设备腐蚀，安全附件失灵，设备检测及维修保养不到位，因储罐基础不均匀沉降而导致泄漏，等等。导致火灾爆炸事故的设备故障有：设备老旧、部分测爆头失灵、汽车移动导致软管或阀门损坏或拉断、阀门磨损垫圈失效、储罐密封圈密封性差、储罐管线焊缝缺陷、管线脆性开裂、设备腐蚀穿孔、缺乏自动联锁切断装置而形成泄漏源。

三、港口油气储运的安全保障机制

（一）严格遵守法律、法规及各项规章制度

港口经营人在油气运输与管理中必须严格遵守国际危规和国家相关的法律法规，切实做好《港口危险货物安全管理规定》（交通运输部令2013年第9号）的贯彻落实工作，以及《交通运输部关于做好港口危险化学品储存设施安全监管职责交接工作的紧急通知》（交水发【2013】386号）和有关规定要求，切实落实港口企业的主体责任和行政管理部门的监管责任，加大隐患整改治理力度，全方位夯实安全生产基础，全面提升港口危险货物安全管理水平。

（二）切实加强防火安全管理

要做好油气储运设备的维护保养工作，做好防静电处理、防火设计和安全装置。油气储运设备要执行"三定"制度，维修要及时，要做到设备管理日常化、维护保养经常化，加强油气储运设备故障检修，减少因设备故障而造成的安全隐患。港口区域内建筑工程的防火设计应严格执行建筑设计防火规范及其他有关规范。油品码头的防火设计必须执行石油库设计规范和装卸油品码头设计规范，分区布局必须合理；在港口码头的生产区域内，除现场生产调度和库场管理必须使用的少量建筑外，不得设置具有较大火灾危险的机修车间、锅炉房和变配电站；在装卸区装卸、堆垛任何杂货时，现场要有专人监护，严禁吸烟和携带火种。装卸船舶的外档，禁止无关船只靠拢。进入港区的蒸汽机车烟囱必须戴防火帽，并不准清灰。装运和起吊棉麻的车船排气管或烟囱应装置有效的火星熄灭器；在装卸区装卸油品，必须与办公室、生活区及辅助车间隔离，同时加强警卫措施，严格控制火源。油品作业点周围50米内严禁动火、吸烟，油码头不得使用钢丝缆绳、尼龙缆绳，应多设软"靠把"，防止油船碰撞码头，产生火花。港口应按港口消防布置与建设标准的要求设立港口消防站。港区内的消防艇或其他作业船，应配备一定量的围油栏、消油剂或吸油海绵，有条件的还可配置吸油船，借以消除水面浮油。

（三）运输油气船舶必须检验合格

运输油气船舶的船体、构造、设备、性能和布置等方面，应符合国家船舶

检验的法律、行政法规和技术规范的规定，国际航行船舶还应符合有关国际公约的规定。具备相应的适航、适装条件，经中华人民共和国海事局认可的船舶检验机构检验合格，取得相应的检验证书和文书，并保持良好状态。

（四）进一步完善危险货物事故应急预案

认真贯彻"安全第一、预防为主"的方针，建立油气火灾、爆炸、泄漏等灾害事故的应急预案，加强预案演练，提高实战水平。一旦发生事故，可迅速有效地做出应急反应，把事故控制在局部范围内，有效控制重特大事故的发生，尽可能减少事故对人员生命、财产和环境的影响。

（五）积极推进安全风险管理体系建设，建立预警模型

企业作业人员和管理人员要提高责任心，辨识危险源，掌握所从事工作的危险性，规避风险，实现安全管理从事后向事前、从被动向主动、从局部到整体、从分散到系统管理的转变，切实在危险源与事故之间牢牢构筑一道安全防线。

在安全生产领域中，常见的预警模型包括：基于神经网络的风险预警模型、模糊神经网络的预警模型、基于模糊系统的预警模型、AHP—模糊评价风险预警模型及阀值预警模型。各预警模型的优缺点见表2所示。

表2　各预警模型的优缺点

预警模型	优点	缺点
基于神经网络的风险预警模型	具备推广、容错及概括能力	效果不稳定、适应性差
模糊神经网络的预警模型	容错和模型表达能力都较好	无法保证样本的数量和质量
基于模糊系统的预警模型	能够模拟人类常识的推理过程	模糊规则和隶属函数不确定
AHP-模糊评价风险预警模型	模型较简单且精确度较高	权值及隶属函数主观性较强
阀值预警模型	简单易行	参数较为单一，适用性有限

由于港口油气货物所处的环境比较恶劣，信息采集设备经常处于工作状态，传感器的稳定性会受到多方因素的干扰。此外，在港口油气货物的控制中，会使用多种类型的传感器，并且传感器的输出一般都是非线性的。因此，要综合处理各种类型的信息，根据实际情况建立适合港口危险货物管理的预警模型，从而可以有效处理各种信息，提高预警模型的置信度。

参考文献

[1] 阎菲, 刘金霞, 刘涛. 我国进口原油海上运输安全研究 [J]. 物流工程与管理, 2011, (7): 118-119.

[2] 王兴库. 油气储运防火安全分析及预防措施 [J]. 中国公共安全, 2007, (9): 101-102.

[3] 罗佐县, 杨国丰, 卢雪梅, 谭云冬. 中国与东盟油气合作的现状及前景探析 [J]. 西南石油大学学报, 2015, (1): 7-8.

[4] 王礼茂, 方叶兵. 中国与周边国家在资源领域的合作与竞争 [J]. 资源科学, 2005, (5): 11-13.

[5] 张晓梅, 李红梅. 基于模糊综合评价及 AHP 法的港口物流危险货物预警方法 [J]. 物流技术, 2014, (8): 316.

[6] 王尧, 吕靖. 中国原油进口运输通道安全研究 [J]. 大连海事大学学报, 2014, (1): 109-110.

海上丝绸之路上华侨华人的精神标识

占 毅

(广州航海学院　社科部)

海上丝绸之路是我国与世界各地经贸交往、人员往来和文化交流的海上通道，主要包括东海航线和南海航线两大干线。东海航线由我国东海通往琉球群岛、日本列岛和朝鲜半岛；南海航线由我国南海通往东南亚、印度洋地区和东非，乃至较远的欧洲和美洲。可以说，有海水的地方就有中国人。中华民族（尤其是广东、福建等东南沿海地区）侨居国外者自古有之。广东地处祖国大陆最南端，区位独特，是我国古代海上丝绸之路的发祥地。广东是我国最大的侨乡，华侨人数最多，分布地域最广，在全国四大侨乡 [福建的泉（州）漳（州）厦（门）侨乡，广东的五邑侨乡、潮汕侨乡和梅州侨乡] 中广东占有3个，广东成为中国向海外移民较早、移民人数最多的省份，近代以后逐渐发展成为中国的主要侨乡省。广东华侨华人约占全国的2/3，遍布世界五大洲100多个国家和地区，东盟各国是主要的聚居地（如表1所示）。唐宋以来，随着海上丝绸之路的繁荣，海外交通与对外贸易日趋兴盛，我国人民走向海外并侨居者也逐渐增多，或出洋谋生，或躲避战乱，或经营生意，虽原因各异，但有一点却是殊途同归：中华优秀传统文化所蕴含的崇正义、尚爱国、重和合、求大同、讲奉献等思想精髓自始至终都是海外华侨华人内心深处最根本的精神基因，并成为他们的精神标识。

表1　东南亚华侨华人统计　　　　单位：万人

国　别	华侨人数	占当地人口比例（%）	新移民人数	粤籍华侨占当地华侨的比例（%）
印度尼西亚	1000	4.10	10	35
泰国	700	11	40	80
马来西亚	645	23.7	15	55
新加坡	360	77	35	50
缅甸	250	4.50	100	20
菲律宾	150	1.60	20	10

续表1

国　别	华侨人数	占当地人口比例（%）	新移民人数	粤籍华侨占当地华侨的比例（%）
越南	140	1.67	15	92
柬埔寨	70	5.00	25	88
老挝	28	4.80	13	80
文莱	5.6	15.00	数百人	20
合计	3348.6	5.96	283	52

资料来源："海丝映粤——广东与21世纪海上丝绸之路"大型图片展，广东省档案馆，2015年3月。

一、海上丝绸之路上的华侨华人

鸦片战争后，国门被打开，中国沦为半殖民地半封建社会，闭关锁国的封建社会一去不复返。"对华战争给了古老的中国以致命的打击。国家的闭关自守已不可能……于是旧有的小农经济制度也随之而日益瓦解（在旧有的小农经济制度中，农家自己制造必要的工业品），同时，可以安插比较稠密的人口的那一切陈旧的社会制度，亦随之而崩溃。千百万人将无事可做，将不得不移往海外。"据薛福成1890年《出使英法义比四国日记》，当时东南亚的华侨约有300万人。加上当时美洲和澳洲有几十万人，其他地区几十万人，总计约有400万人。到20世纪初，辛亥革命前，华侨的人数又有了很大的增长，大约有800万~1000万人。到第二次世界大战时，估计为2000万人。这些华侨除多数在东南亚国家外，还遍布美洲、澳洲和非洲等地。

据不完全统计，祖籍广东的华侨华人有2000多万，归侨侨眷2000多万，分别占全国华侨华人和归侨侨眷总数的2/3，祖籍广东的港澳同胞占港澳地区总人口的80%，港澳同胞眷属有1000多万。广东籍侨胞主要分布在世界近170个国家和地区，其中以北美洲的美国、加拿大，中南美洲的巴西、委内瑞拉、秘鲁、巴拿马，欧洲的英国、法国、荷兰，大洋洲的澳大利亚、新西兰，非洲的南非、毛里求斯、马达加斯加，东南亚的印度尼西亚、马来西亚、泰国、柬埔寨、缅甸、越南、菲律宾等国家居多。粤人移民出国历史悠久，在世界各地俗称"唐人街"的中国城都是早期华侨华人的落脚处或居住地。就已有史料来看，在唐朝永昌元年（689年），番禺人孟怀业等4位僧人随义净赴室利佛逝（即今天的苏门答腊）帮助翻译经文，终老当地，成为有文字记载的最早的广东华侨。

可以说，一部海外华侨华人史，既是一部中华文明的传播史，又是一部艰苦奋斗的创业史，更是一部含辛茹苦的发展史。海外移民出去以后，继续传承着中华民族的优秀文化传统，发扬勤劳勇敢、节俭务实的打拼精神，依靠自己的辛勤劳动，艰苦创业，大多在侨居地落地生根，开花结果，为侨居国的经济社会发展做出了不可磨灭的贡献。同时，海外华侨华人深切体会到他们的命运与祖国的命运息息相关，祖国的强弱兴衰与他们的荣辱休戚与共。祖国强，则华侨荣；祖国弱，则华侨辱。所以，他们虽身居海外，远离故土，但是高度认同中华民族文化，弘扬中华民族精神，始终不忘炎黄根本，爱国爱乡，与祖国和家乡一直保持着千丝万缕的密切联系，并且身体力行，为祖国的革命事业、建设事业和改革开放大业奔走呼号，慷慨解囊，以身报国；为家乡的经济发展投入了大量资金，倾注了乡土情结，回报桑梓，彰显了中华民族大家庭特有的凝聚力、向心力、感召力和影响力，赢得了世界普遍赞誉。

二、近代华侨华人的家国情怀

众所周知，我国近现代历史上许多著名人物是华侨华人先驱。在政界方面，有康有为、梁启超、孙中山、叶剑英等；在实业界方面，有回国兴办第一家缫丝厂的南海籍华侨陈启沅，兴办张裕葡萄酒公司的大埔籍华侨张振勋，兴办新宁铁路的台山华侨陈宜禧，等等；在商业界方面，有创建上海永安百货公司的华侨郭乐、郭泉兄弟，创建先施百货公司的华侨马应彪，等等；在教育界，有开创中国留学教育先河的华侨容闳等。此外，还有"洪门元老、一生爱国"的著名华侨领袖司徒美堂，集实业家、慈善家、领事、侨领于一身的华侨陈芳，为汕头市政建设做出贡献的泰国米业大王华侨陈慈黉等。他们对中国近现代文明发展做出突出的贡献，他们的思想和精神是广东精神文明的重要组成部分。广大华侨华人从辛亥革命、抗日战争一直到现在，对于广东乃至对于近现代和当代中国每一个阶段的发展都曾经做出过举足轻重的不可磨灭的杰出贡献。

（一）华侨是革命之母

孙中山先生1866年11月12日出生于广东香山（今中山市）翠亨村一个贫苦农民家庭，12岁时随母远赴檀香山，开始了他的海外经历。之后，孙中山自1895年到1911年在海外流亡长达16年，从立志革命到辛亥革命成功，绝大部分时间都是在海外华侨社会中度过的。他多次在东亚、东南亚进行革命活动，都得到华侨的广泛支持，因为他自己就是广东籍人，所以尤其得到广东籍华侨的拥护。华侨华人在辛亥革命中建立了不朽的功勋,凸显了强烈的爱国主义精神,书写了华侨华人历史的光辉篇章。"华侨的思想,开通较早,明白我党主义在先,所以他们革命也是在先。每次起革命,都是得海外的力量。"

第一,在组织上,华侨华人是兴中会和同盟会的中坚骨干。1894年11月24日,孙中山在檀香山创立了我国第一个资产阶级革命团体——兴中会,会员起初全部是华侨,成员当年由24人发展到126人,除籍贯不明的10人外,其余全部是广东人。在日本横滨,孙中山也积极发展革命组织,成立横滨兴中会,成员有17人。根据冯自由《革命逸史》记述,这17名兴中会会员全是广东省籍,其中南海12名,新会2名,香山2名,三水1名。据统计,到同盟会成立前,各地兴中会会员发展到300多人,其成分可考者有279人,其中海外华侨有219人,占78%,包括工人、职员、知识分子、中小商人以及资本家等阶层的华侨。1905年8月20日,中国同盟会在日本东京成立,中国近代第一个资产阶级革命政党诞生了。自此之后,同盟会在各地华侨华人的积极支持下,在南洋、欧洲、美洲等地区相继成立分会。"凡有华侨所到之处,几莫不有同盟会员之足迹。"

第二,在经济上,华侨华人为革命慷慨助饷。孙中山曾经感叹,在辛亥革命中,"慷慨助饷,多为华侨"。广大海外华侨华人,无论是工人、职员,还是小商小贩、华侨资产阶级,他们都怀有强烈的中华民族情感和赤诚的爱国主义思想。他们心系祖国,积极支持国内革命,踊跃捐款捐物。据不完全统计,从1895年至1912年,华侨捐款达800多万港元。仅黄花岗起义,海外华侨便捐助了187636元。海外华侨华人的爱国义举,俯拾皆是。如孙中山的胞兄孙眉是檀香山的华侨农牧家,先后捐助革命经费数十万元。新加坡华侨资本家林受之(广东潮州籍),仅潮州黄冈起义就捐款两万元,此后各役,不遗余力,"连两位夫人的私蓄也都献出",以致"儿女众多,无力使之一一完成教育,只得分散在南洋各地,自食其力佣工为生"。越南堤岸以卖豆芽为生的华侨小商贩黄景南(广东新会籍),为了支援革命,可谓毁家纾难。"其出资勇而挚者,安南堤岸之黄景南也。倾其一生之蓄积数千元,尽献之军用,诚难能可贵也。"诸如此类,不胜枚举,正如孙中山自己所回忆:"有许多人,将他们的全部财产交给我。费城的一个洗衣工人,在一次集会后来到我住的旅馆,塞给我一个麻袋,一声没吭就走了,袋里装着他二十年的全部积蓄。"华侨华人为了拯救国家危亡、民族危难,舍小家顾国家,爱国之心、赤子之情,永远彪炳史册,激励后人。有关华侨对孙中山先生先后组织发动的十次武装起义捐款数目如表2所示:

表2 华侨对辛亥革命前孙中山发动的10次起义捐款估计数目

起义次数	年代	战役	捐款额（单位：多为港元）
1	1895	广州之役	31000
2	1900	惠州之役	143000
3	1907	潮州黄冈之役	209000
4	1907	惠州七女湖之役	
5	1907	防城之役	
6	1907	镇南关之役	
7	1908	钦廉之役	
8	1908	河口之役	
9	1910	广州新军之役	29000
10	1911	广州"三二九"之役	187000
		第十次起义善后费	21000
估计总数			620000

注：此表根据蒋永敬的《华侨开国革命史料》编制。10次起义的捐款，除香港同胞和日本友人等捐助少量外，其余绝大部分为华侨所捐献。

第三，在战场上，华侨华人是武装起义的生力军。从兴中会成立到武昌起义，孙中山先后直接或间接组织、领导和指挥了至少10次武装起义，每次都有华侨华人参加。许多华侨华人不仅为这些武装起义提供了经济援助和组织保障，而且积极加入革命队伍，在战斗的最前线冲锋陷阵，奋勇杀敌，血染沙场。1895年10月，孙中山在广州策划了第一次武装反清起义，檀香山华侨邓荫南、宋居仁等多人参加；1900年的惠州三洲田起义，由华侨郑士良、黄福发动和领导；1907年5月的潮州黄冈起义，指挥者是新加坡华侨许雪秋，6月的惠州七女湖起义，领导人是新加坡华侨邓子瑜；尤其是1911年4月27日（辛亥年3月29日）黄花岗起义爆发，参加这次起义的华侨革命志士不下500人。在此次起义殉难的86位烈士中，共有华侨31人，其中广东籍的有29人，基本上是工人、学生、教员、商人、记者等普通民众。国家兴亡，匹夫有责。在祖国生死存亡之际，"我以我血荐轩辕"，广大海外华侨华人用自己的鲜血和生命，谱写了一曲又一曲悲壮的革命之歌，构筑起一座又一座不朽的历史丰碑。

第四，在舆论宣传上，华侨华人为革命鼓与呼倾力办报刊。舆论是行动的先导，辛亥革命武昌首义成功，离不开海外华侨华人在世界各地的强势舆论宣传。辛亥革命时期，华侨创办了数十种革命报刊，1911年以前，单是南洋华侨出资创办的革命派报纸就有30多种。这些报刊宣传民主革命思想，同保皇派展开激烈论战，极大地提高了华侨的觉悟。以下是全球较有影响及有代表性的革命派报纸：《自由新报》（檀香山）、《少年中国晨报》（旧金山）、《大汉日报》（温哥华）、《新民国报》（温哥华）、《中兴日报》（新加坡）、《图南日报》（新加坡）、《光华日报》（槟城）、《暹华日报》（曼谷）、《觉民日报》（仰光）、《泗滨日报》（印度尼西亚泗水）、《苏门答腊民报》、《印尼棉兰》、《公理报》（菲律宾）。

第五，华侨还积极创办书报社。1911年以前，仅南洋各地华侨办的书报社就有几百个，这些书报社既广泛地联络和团结了爱国侨胞，又有效地宣传和播种了革命思想。辛亥革命时期华侨华人在世界各地创办的报刊报社，无情地鞭挞了清王朝的没落与腐朽，有力地揭露了封建帝制的残暴与昏庸，积极宣传了资产阶级民主革命思想。如日本著名华侨冯自由所言，《中兴日报》的影响逐渐扩大，"销数达四千份，各埠华众直接受其感化，实非浅鲜。"华侨报刊报社犹如春风化雨，唤醒了国人包括华侨华人"天朝上国之迷梦"，激活了潜藏在中华儿女内心深处的民族意识、乡梓情结和家国情怀，在海内外形成了强势的革命舆论氛围，为武昌首义的最后胜利奠定了良好的思想基础。

千百万海外华侨华人和港澳同胞，心系祖国，为了支持革命奔走呼号，慷慨助饷，勇赴国难，不仅有力地支援了国内革命斗争，而且大大提升了中华民族的民族凝聚力和国际影响力。难怪后来孙中山评价华侨华人在推翻清王朝统治中所做出的贡献时，言简意赅地给予了高度赞誉："前时帝制之破坏，华侨实为一最大之力"，"华侨是革命之母。"

（二）华侨是抗日战争的重要力量

1931年9月18日夜，蓄谋已久、旨在灭亡中国的日本侵华战争打响，日本帝国主义不宣而战，发动震惊中外的"九一八事变"。之后仅4个多月，日本侵略者就吞并了于日本本土面积3倍的中国东北全境，我国东北近100万平方千米的美丽河山转眼间沦为日本帝国主义的殖民地，近3000万中华儿女由此陷入水深火热的亡国阵痛之中。人民艺术家张寒晖创作的著名抗战救亡歌曲《松花江上》至今让人肝肠寸断、澎湃激越："……九一八，九一八，从那个悲惨的时候，脱离了我的家乡，抛弃那无尽的宝藏，流浪！流浪！整日价在关内流浪！哪年，哪月，才能回到我那可爱的故乡？哪年，哪月，才能够收回我那无尽的宝藏？爹娘啊，爹娘啊！什么时候，才能欢聚一堂？……"东北危急！华北危急！中华民族危急！中国人民从此开始了抗日救国的民族解放战争，海外华侨华人支援祖国抗日的爱国救亡运动也由此走向高潮。

第一，侨众联合，抵制日货。"九一八事变"点燃了华侨华人炽热的爱国激情。华侨华人在欧洲各地纷纷建立抗日爱国救亡团体，如瑞士华侨抗日救国会、法国华侨抗日救国联合会、旅英各界华侨抗日救国会、旅德华侨抗日联合会等。1936年9月20日，成立全欧华侨抗日救国联合会。南洋各地，如新加坡、马来西亚、缅甸、越南、菲律宾、印度尼西亚、泰国等地华侨救国团体也相继成立。"七七事变"后，1938年10月10日，成立"南洋华侨筹赈祖国难民总会"，新加坡著名爱国侨领陈嘉庚担任主席，印度尼西亚侨领庄西言、菲律宾侨领李清泉担任副主席。美洲、非洲、大洋洲各国华侨也都建立了抗日救国团体，如全美十余万洪门侨胞成立"全美洲洪门总干部"，著名洪门侨领司徒美堂担任监督。同时，海外华侨华人坚决抵制日货，以支持祖国抗日战争。抵制日货运动对"日本经济界之影响不少，尤其在海运界，当次夏季货色迟钝之时，所受打击更深"，甚至"于贸易上无直接关系之医生、旅馆理发业、鱼贩杂货店等，因华客绝迹，所入不及平日1/3，大受损害"。在1938年最初3个月里，东南亚日货的销路锐减54%，每月损失2000万元。"华侨商家均先后秘密议定，宁愿忍痛牺牲丰厚的利润，实行与日商断绝往来。"

以欧、亚、美三大侨团为核心的3541个大小华侨团体，犹如蓝天上的星星，紧紧地把世界各地千余万广大华侨团结在抗日救国的旗帜下，在海外组成了一支浩浩荡荡的抗日救国大军，成为祖国抗战的一支有生力量。

第二，捐款捐物，支援抗战。"九一八事变""一·二八事变""七七事变"，日本帝国主义的铁蹄在中华大地无休止地进行残暴而疯狂的蹂躏与践踏，这种赤裸裸的侵略行径激起了全体中华儿女救亡图存的爱国之情，加速了海内外抗日民族统一战线的建立。正如毛泽东同志所强调，抗日民族统一战线，并不只是国共两党的，而是"全民族的统一战线"，"是工农兵学商一切爱国同胞的统一战线"。抗日救国，华侨有责。不分男女老少、地域职业，一切为了抗战，华侨争先恐后，捐款捐物，涌现了无数可歌可泣的真实动人的爱国壮举，闪耀着以爱国主义为核心的中华民族精神。许多华侨工人、店员、职员、农民、教员等，虽然收入并不丰厚，家庭生活并不富裕，即使负担很重，也节衣缩食，将自己用血汗换来的工资的一部分，甚至整个月的工资，捐献给祖国神圣的抗日事业，这种忘我献身精神极为感人。抗日战争时期华侨捐款达70亿元（关于捐款数字资料不统一。另一说法为26亿元或13亿元）。1938年至1947年，世界各地华侨向中国的汇款额如表3所示，由此可见华侨华人爱国主义精神之一斑。

除捐款之外，海外华侨还捐献各种物资以支援祖国的抗战事业，以及赈济灾民。从抗战爆发到1940年10月，海外华侨捐献各种飞机共217架，作战车辆27辆，救护车1000多辆，大米1万袋，药品、衣服、胶鞋及其他用品共计3.5亿元（约合1.06亿美元）。

表3　1938年至1947年各地向中国的汇款额

汇款地	汇款额
伦　敦	1200万英镑
香　港	500万港币
马来西亚	5700万马来亚元
缅　甸	700万卢比
菲律宾	700万比索
东印度群岛	800万盾
印度支那	400万皮阿斯特
泰　国	500万铢
美　国	7000万美元

资料来源：《中国手册》，1950年。转摘自［美］宋李瑞芳：《美国华人的历史和现状》，商务印书馆1984年版，第268页。

第三，回国参战，卫国保家。在抗日战争时期，爱国华侨华人除了成立各种抗日救国联合会、坚决抵制日货、积极捐款捐物之外，他们还踊跃回国参军，直接参战。以参加空军抗战尤为突出。菲律宾参加空军的华侨青年有62人。1940年7月，越南华侨青年回国报考空军的有145人，美国华侨飞行员有200多人。广东空军队长、飞行员几乎全为华侨。1937年8月，美国华侨飞行员黄泮扬、陈瑞钿各击落敌机8架、6架，晋升为飞行大队长。印度尼西亚华侨青年李林（女）、游济军、梁添成、吕天龙、陈镇和、谢全和以及刘盛芳等都是回国参战的杰出代表，有些在作战中英勇献身。1939年至1942年，有3200多名南洋华侨机工活跃在滇缅公路，千余人战死、病死或失踪，为抗战做出了杰出的贡献。据广东省侨务委员会统计，抗战期间，归国参战的广东籍华侨有4万多人，其中南洋各地约有4万人，美洲和大洋洲等地约1000人。回国参战的广东籍华侨中有许多人为抗战献出了宝贵的生命。正如原广东省东江纵队司令员曾生在一篇回忆录中所言："不少华侨子弟直接参加爱国的抗日战争。华侨子弟们在工作中，在战斗中，同样艰苦顽强，同样不怕流血牺牲，表现出高度的爱国主义精神。"

三、新时期华侨华人的文化认同

海外华侨华人是实现中华民族伟大复兴的重要力量。华侨华人虽然身处异国他乡，却心向祖国，情系桑梓。从辛亥革命到抗日战争，从解放战争到社会主义革命时期，从社会主义建设到改革开放新时期，家乡、祖国的建设、发展与繁荣离不开他们的大力支持和帮助，凝聚着他们的心血和汗水。"30 年来，海外侨胞、港澳同胞是广东改革开放最积极的开拓者，最有力的推动者，最无私的奉献者，与广东人民一起创造了改革开放的辉煌。""广东的改革开放，可以说是源于侨，兴于侨，也成于侨……可以说，广东的改革开放和现代化建设能取得今天的成绩，海外侨胞、港澳同胞功不可没！"

我国海外侨胞、港澳同胞素有爱国爱家、念祖恋乡的中华文化传统，一直关注、支持祖国以及家乡的经济文化建设和社会发展等各项事业。改革开放以后至 2011 年，海外侨胞、港澳同胞捐赠折合人民币逾 470 亿元，捐建道路、桥梁、学校、医院、图书馆、体育馆等逾 3.2 万项，建立各种公益事业基金会近 3000 个。截至 2011 年底，广东省累计实际利用外资 2700 多亿美元，其中近七成是侨港澳资金；全省侨资企业总数 5.55 万家，占全省外资企业总数的六成多。广东以侨为桥引进大量海外人才、先进科学技术和现代化管理理念。全省留学回国华侨华人专业人士达 5 万多人，创办企业 3000 多家。"广东永远不能忘记广大华人华侨和侨务工作者对我省改革开放和现代化建设所做出的卓越贡献。广东有 3000 万华侨华人，分布在世界 160 多个国家和地区，占全国华侨华人总人数六成，省内还有 2000 多万归侨侨眷，这是广东的独有优势和重要资源。改革开放 30 多年来，广东取得的举世瞩目的伟大成就，离不开广大华人华侨的大力支持，离不开广大侨务工作者的辛勤努力。海外华人华侨和港澳台同胞一直是广东经济发展重要的投资主体，是广东对外交流的桥梁纽带。没有华人华侨，广东不可能这么快了解和接纳外部世界，外国企业也不可能这么快认识和融入广东。"

不难看出，海外华侨华人与中华民族不能割舍、无法剥离的情结已经成为中国精神的文化基因，也是实现中华民族伟大复兴的中坚力量。华侨华人具有强烈的爱国主义意识与传统以及炽热的赤子情怀，生生不息、薪火相传。他们在异国他乡努力打拼的同时，始终牵挂着祖国的安危兴衰，并为之身体力行，谱写了一曲又一曲可歌可泣的英雄赞歌，在世界各地树立起华侨华人爱国恋家的光辉典范。

他们让世界了解中国，让中国走向世界，牵线搭桥，功不可没。在美国耶鲁大学名人堂悬挂的众多肖像中，不仅有布什、克林顿等从耶鲁大学毕业的美国政要，还有一幅来自广东香山的中国人肖像——容闳，被美国人誉为"中国留学生之父"。正是容闳在1847年拉开了中国历史上真正意义上的留学序幕，首倡官派"留美幼童"教育，为闭关锁国的封建清王朝开启了一扇了解太平洋彼岸世界的窗口。"海外华侨华人以聪明、勤劳、善良的优秀品质在世界各国赢得好口碑，为中国实现和平崛起创造了重要的条件，是中国走向世界的重要桥梁，是中国引进境外先进技术、资金和人才的重要纽带。"

海外华侨华人最早接触现代文明，耳濡目染海外新思想新观点，并将中华文化推介、传播到世界各地，同时将现代文明引介到祖国、家乡，成为连接祖国、家乡与世界的载体。国是家的国，家是国的家。在祖国需要的时候，海外华侨华人赤诚的爱国之情、报国之志犹如滚滚长江、滔滔黄河之水，川流不息，源源不断，成为弥足珍贵的中华民族精神财富，激励着后辈炎黄子孙为建设富强、民主、文明、和谐的祖国而奋勇前进。2012年4月9日，第六届世界华侨华人社团联谊大会在北京人民大会堂开幕，时任国务院侨办主任李海峰在开幕式上作题为"弘扬中华文化　展示侨胞形象"的主题报告时表示，据有关研究成果，中国有5000万海外侨胞，分布在世界170多个国家和地区。海外华侨华人社会发展迅速，凝聚力增强，在所住国的地位和影响日益提升。

四、海上丝绸之路上华侨华人享有盛誉

早在1857年，恩格斯在他的《波斯与中国》一文中就高度评价了广东人民和华侨华人一起联合抵抗外国侵略的英勇壮举："现在至少在南方各省（直到现在军事行动只限于这些省份之内），民众积极地而且狂热地参加反对外国人的斗争……甚至旅居国外的华侨——他们向来是最听命和最驯顺的国民——现在也密谋起事，突然在夜间起义……英国政府的海盗政策已引起了一切中国人反对一切外国人的普遍起义，并使这一起义带有绝灭战的性质。"

改革开放以来，对于海外华侨华人的卓越贡献，我国领导人给予了高度评价。1977年10月2日，邓小平同志在接见港澳同胞国庆代表团和香港知名人士利铭泽夫妇时就指出，说什么"海外关系"复杂不能信任，这种说法是反动的。我们现在不是海外关系太多，而是太少。海外关系是个好东西，可以打开各方面的关系；1999年1月18日，江泽民同志在接见全国侨务工作会议代表时的讲话中指出，分布于世界各地的广大华侨华人，是中华民族一个重要的人才资源宝库，其中科技人才就有几十万，既有享誉世界的科学家，也有成绩显著的中青年科技人才，他们在当今一些重要的高科技领域取得了卓越的成

就,我们一定要十分珍惜;2005年,胡锦涛同志对华侨华人给予了高度褒扬和深情寄语:"我国有数千万海外侨胞,居住在100多个国家和地区,他们对中国怀有特殊感情,拥有比较雄厚的经济实力和大量高层次人才。我们国内还有3000多万归侨侨眷,他们活跃在各条战线,与海外侨胞有着千丝万缕的联系。在中国革命、建设、改革的各个历史时期,广大海外侨胞和归侨侨眷为中华民族的独立和解放、为国家的繁荣和发展做出了重要贡献,在中华民族史册上写下了光辉的篇章。历史已经证明并将继续证明,广大海外侨胞和归侨侨眷是推进我国现代化建设、实现祖国完全统一和中华民族伟大复兴的重要力量。"

2014年6月6日,习近平总书记在会见第七届世界华侨华人社团联谊大会代表时强调指出,在世界各地有几千万海外侨胞,大家都是中华大家庭的成员。长期以来,一代又一代海外侨胞,秉承中华民族优秀传统,不忘祖国,不忘祖籍,不忘身上流淌的中华民族血液,热情支持中国革命、建设、改革事业,为中华民族发展壮大、促进祖国和平统一大业、增进中国人民同各国人民的友好合作做出了重要贡献。祖国人民将永远铭记广大海外侨胞的功绩。

今天,中华民族正站在新的历史起点上,以共建"一带一路"为契机,以全球视阈谋划未来发展蓝图。为了使我们与各国经济联系更加紧密、相互合作更加深入、发展空间更加广阔,我们可以用创新的合作模式,共同建设21世纪海上丝绸之路。这是一项造福沿途各国人民的大事业。"中国和东盟是个大家庭,有着相同或相似的文化,有共同的发展愿望,双方的合作一定会前程似锦,……铺就面向东盟的海上丝绸之路"。毋庸讳言,这些遍布世界各地的"海外关系"现在依然、当然亦必然是个好东西,不但是我国丰厚的人力资源与财力资源,而且是优质的文化资源和教育资源。"中华优秀传统文化是中华民族的精神命脉,是涵养社会主义核心价值观的重要源泉,也是我们在世界文化激荡中站稳脚跟的坚实根基。"我们理应继续深入挖掘和梳理海上丝绸之路上华侨华人传承中华优秀传统文化的经典篇章,讲好华侨华人历史故事,解读华侨华人文化基因,彰显华侨华人精神标识,进一步增强新世纪新形势下中华文化的软实力、国际影响力和传播力,为促进祖国早日实现统一大业和中华民族伟大复兴中国梦做出更大的贡献。

参考文献

[1] 蔡北华. 海外华侨华人发展简史. 上海:上海社会科学院出版社,1992.

[2] 陈民,任贵祥. 华侨史话. 北京:社会科学文献出版社,2000.

[3] 冯自由. 革命逸史(第4集). 北京:中华书局,1981.

[4] 冯自由. 中华民国开国前革命史（下册）. 北京：中国文化服务社，1946.

[5] 广东省地方史志编纂委员会. 广东省志·华侨志. 广州：广东人民出版社，1996.

[6] 刘权. 广东华侨华人史. 广州：广东人民出版社，2002.

[7] 马克思，恩格斯. 马克思恩格斯选集（第2卷）. 北京：人民出版社，1972.

[8] 马克思，恩格斯. 马克思恩格斯全集（第39卷）. 北京：人民出版社，1974.

[9] 南方日报社，广东省人民政府侨务办公室. 华侨华人与广东改革开放30周年. 南方日报，2008-11-28.

[10] 孙中山. 孙中山全集（第8卷）. 北京：中华书局，1986年.

[11] 杨万秀. 中外历史的探索借鉴. 广州：广州出版社，1997.

[12] 张铭华，经盛鸿. 国耻国魂　中国孩子必须永远铭记的历史. 桂林：广西师范大学出版社，2009.

[13] 张永福. 南阳与创立民国. 北京：中华书局，1933.

[14] 胡键. 华人华侨仍是广东发展倚重力量. 南方日报，2012-3-22.

[15] 胡键. 汪洋会见"海外华侨华人与广东改革开放论坛"海外代表. 南方日报（网络版），2008-8-29.

[16] 李斌. 凝聚海内外中华儿女力量　实现中华民族的伟大复兴. 人民日报（海外版），2005-3-1.

[17] 王达夫. 购买公债是华侨光荣的任务. 人民日报，1950-1-5.

[18] 习近平. 坚持以人民为中心的创作导向　创作更多无愧于时代的优秀作品. 人民日报，2014-10-16.

[19] 新加坡一百五十周年. 南洋商报，1969.

[20] 徐林，戎明昌，谢苗枫. 200多海内外嘉宾共商合作大计. 南方日报，2008-8-30.

[21] 曾生. 广东人民抗日游击战争的回忆. 南方日报，1951-9-3.

[22] http://www.gd.gov.cn/gdgk/sqgm/qxqq/201303/t20130312_176017.htm.

孔子学院在东盟

张晓鸣

(广州航海学院 航海文化研究中心)

孔子学院是面向海外,以开展汉语教学、传播中国文化为主要活动方式的中国语言和文化推广机构。其在东盟国家的设立始于 2005 年,历经十多年发展,孔子学院在东盟国家广泛设立,承担着汉语教学、文化交流及公共外交等重要职能,并将助力于建设 21 世纪海上丝绸之路的国家战略,为其提供文化支撑。

一、东盟国家孔子学院的设立背景

东盟国家与中国的文化交往源远流长,孔子学院在该地区的设立除了受在全球范围内兴起的"汉语热"的影响之外,也有着独特的人文、地缘背景。

自 20 世纪末以来,伴随着中国经济的腾飞和国际影响力的日渐增强,汉语和以其为代表的中国文化开始在世界范围内引起广泛关注,全球兴起了一股"汉语热"。这股热潮的兴起,对于海外诸国来说,体现了其希望通过学习汉语及中国文化以更好地了解中国的良好愿望;对于中国来说,则不失为传播本国语言文化,加强与海外诸国文化交流,增进相互了解的良机。鉴于此,中国在借鉴英、法、德、西(英国文化协会、法国法语联盟、德国歌德学院及西班牙塞万提斯学院)等国推广本民族语言经验的基础上,探索在海外设立以教授汉语和传播中国文化为宗旨的非营利性教育机构——孔子学院。自 2004 年 11 月 21 日第一所孔子学院在韩国首尔挂牌成立,截至 2014 年 12 月 7 日,全球 126 个国家(地区)共建立 475 所孔子学院和 851 个孔子课堂。短短 10 年间,孔子学院遍布全球。

中国近邻的东盟各国,自古以来与中国的文化交往源远流长,近年来在经济、文化方面的交流也日渐频繁,尤其是中国-东盟自贸区成立以来,双边贸易的增长加剧了对中国语言文化的学习需求。语言的共通无疑会为经济贸易活动减少阻碍,这成为东盟各国学习汉语的重要客观出发点。此外,对比世界其他国家和地区,东盟国家是海外华人聚居最多的地区,其中,印度尼西亚拥有全球最大数量的海外华人,目前全国约有近 1000 万华人;新加坡则是华人人口比例最大的国家，截至 2010 年，华人人口占全国总人口的 74.1%，数量约为 353.5 万；另外，马来西亚、菲律宾和泰国均拥有为数众多的华人。这些海外华人的存在为汉语在当地的传播提供了十分有利的条件。在马来西亚，华人社团、华文教育和华文报刊被华人社群认为是传承中华文化和凝聚华人力量的重要工具，三者被并称为华社三大支柱、三大资产或三大臂膀。华人在东盟国家的广泛存在与华人社群对中华文化的心理认同，成为孔子学院在该地设立的特殊环境。在国际范围内"汉语热"的潮流与东盟国家独特的人文、地缘因素结合的背景之下，孔子学院在东盟各国开始广泛设立。

二、东盟国家孔子学院的设立情况

孔子学院在东盟国家的建设从 2005 年开始，短短 10 年间，东盟国家共成立 27 个孔子学院和 27 个孔子课堂。除文莱外，孔子学院和孔子课堂在其他各国广泛存在（见表1）。"遍地开花"的表象下，由于国家制度、双边关系和宗教文化背景的差异，孔子学院在东盟各国的发展步调并不一致，表现出明显的不均衡性。

表1　东盟国家孔子学院（课堂）设立情况一览

国　家	菲律宾	马来西亚	泰国	新加坡	印度尼西亚	柬埔寨	老挝	缅甸	越南
孔子学院数量	3	1	12	1	7	1	1		1
孔子课堂数量			18	2	1	3		3	

数据来源：《孔子学院年度发展报告（2014）》。

东盟各国中，泰国拥有数量最多的孔子学院和孔子课堂，总计 30 个，超出整个东盟国家孔子学院（课堂）总量的一半。自泰国第一所孔子学院——孔敬大学孔子学院于 2006 年 8 月 3 日揭牌成立以来，整个 2006 年度，泰国便相继成立了 9 所孔子学院（见表2），随后的 3 年中，每年都有一所孔子学院揭牌成立。孔子学院在泰国的蓬勃发展，除了受中泰友好关系和双边经济贸易、文化交往的推动之外，泰国王室的作用也非同小可。不同于其他君主立宪制国家，泰国王室在民众心中享有至高无上的地位，拥有对国民的巨大影响力。诗琳通公主酷爱中国文化，对孔子学院在泰国的设立和发展予以关心和支持，多次参加孔子学院的活动，出席朱拉隆功大学孔子学院揭牌仪式并题词"任重道远"。诗琳通公主的亲身示范和积极奔走，为孔子学院在泰国的发展赢得了良好的社会环境，使其如雨后春笋般纷纷涌现，蓬勃发展。

表2　泰国孔子学院设立情况一览

名　称	承办机构	合作机构	成立时间	所在城市
孔敬大学孔子学院	孔敬大学	西南大学	2006.8	孔敬
皇太后大学孔子学院	皇太后大学	厦门大学	2006.11	清莱
清迈大学孔子学院	清迈大学	云南师范大学	2006.12	清迈
宋卡王子大学孔子学院	宋卡王子大学	广西师范大学	2006.12	宋卡
玛哈沙拉坎大学孔子学院	玛哈沙拉坎大学	广西民族大学	2006.12	玛哈沙拉坎
曼松德·昭帕亚皇家师范大学孔子学院	曼松德·昭帕亚皇家师范大学	天津师范大学	2006.12	曼谷
川登喜皇家大学素攀孔子学院	川登喜皇家大学	广西大学	2006.12	素攀
宋卡王子大学普吉孔子学院	宋卡王子大学	上海大学	2006.12	普吉
勿洞市孔子学院	勿洞市政府	重庆大学	2006.12	勿洞
朱拉隆功大学孔子学院	朱拉隆功大学	北京大学	2007.3	曼谷
农业大学孔子学院	农业大学	华侨大学	2008.7	曼谷
东方大学孔子学院	东方大学	温州大学、温州医科大学	2009.9	春武里

数据来源：国家汉办网站http：//www.hanban.edu.cn/。

　　作为世界上海外华人数量最多的国家，印度尼西亚对汉语的态度经历了先抑后扬的转变。由于历史原因，自20世纪60年代至20世纪末，印度尼西亚政府曾采取一系列措施禁止汉语在该地的传播。如：查禁中文报刊、销毁中文书籍、关闭中文学校，乃至禁止华人说汉语等，这些强制手段生硬地割裂了汉语在印度尼西亚华人族群中的传承，造成此时段内出生的华人基本都不会说汉语，汉语在印度尼西亚销声匿迹长达30年。然而时过境迁，新世纪以来，汉语开始重新得到印度尼西亚社会的重视。为了满足日益增长的学习需求，如今印度尼西亚大约1/5的大学开设中文课，而10年前这个数字只有5%。曾经的禁绝措施导致师资严重不足、教学水平低下。在这种情势下，第一所孔子学院——雅加达汉语教学中心孔子学院于2007年9月正式成立，此后又相继成立其他6所孔子学院（见表3）。

　　不同于印度尼西亚，马来西亚的华文教育始终不曾断绝，传承良好。在马来西亚，华人社团十分重视华文教育。自华人先民初到马来半岛之时，便设立私塾教授子弟，尽管历经英国殖民者的阻挠和马来族的挤压，马来西亚华人仍在种种压制之下依然延续了华文教育。如今，马来西亚拥有为数众多的华文中小学和大专院校,这些学校也已成为马来西亚国民教育体系的重要组成部分。然而,值得注意的是,华文教育的传统并没有为孔子学院进入马来西亚提供有利条件。原因在于马来西亚当局认为孔子学院除教授汉语之外,还兼具传播"孔教"的职能,孔子学院的建立由于被认定具有宗教色彩而受阻。后经中马两国协商后,为消除马来西亚的顾虑,将"汉语"二字加入孔子学院的名称中,变为"孔子汉语学院",英文名称也由通用的"Confucius Institute"改为直译的"Kong Zi Institute"。此后,由马来亚大学与北京外国语大学共建的马来亚大学孔子汉语学院于2009年7月得以成立。

表3 印度尼西亚孔子学院设立情况一览

名称	承办机构	合作机构	成立时间	所在城市
雅加达汉语教学中心孔子学院	雅加达汉语教学中心	海南师范大学	2007.9	雅加达
阿拉扎大学孔子学院	阿拉扎大学	福建师范大学	2010.11	雅加达
玛拉拿塔基督教大学孔子学院	玛拉拿塔基督教大学	河北师范大学	2011.1	万隆
哈山努丁大学孔子学院	哈山努丁大学	南昌大学	2011.2	锡江
玛琅国立大学孔子学院	玛琅国立大学	广西师范大学	2011.3	玛琅
泗水国立大学孔子学院	泗水国立大学	华中师范大学	2011.5	泗水
丹戎布拉大学孔子学院	丹戎布拉大学	广西民族大学	2011.11	坤甸

数据来源:国家汉办网站http://www.hanban.edu.cn/。

新加坡是一个华人占绝大多数、多种族并存的国家,根据这一国情,新加坡教育部规定,所有政府开办的中小学校的学生必须学习两种语言:英语(官方语言)和本民族母语。因此,华裔中学生基本都可以熟练使用汉语。政府对汉语学习的大力推广和华人族群在新加坡的绝对优势是孔子学院在新加坡设立的有利条件。早在2005年8月,国家汉办与新加坡南洋理工大学便就共建孔子学院签订了合作协议(中方合作机构为山东大学)并开始运营,2007年7月举行了隆重的揭牌典礼。尽管是新加坡唯一一所孔子学院,但双方合作院校均为本国重点大学,是高层次的对外语言文化机构。

其他各国中,菲律宾于2006年10月由雅典耀大学与中山大学共建第一所孔子学院——雅典耀大学孔子学院,此后2009年又先后设立布拉卡国立大学孔子学院(中方合作机构为西北大学)和红溪礼示大学孔子学院(中方合作机构为福建师范大学);柬埔寨、老挝、越南各有一所孔子学院,分别为柬埔寨王家学院孔子学院(中方合作机构为江西九江学院,2009年12月成立)、老挝国立大学孔子学院(中方合作机构为广西民族大学,2010年3月成立)及越南河内大学孔子学院(中方合作机构为广西师范大学,2014年12月成

立）；缅甸目前并没有建立孔子学院，只有3所孔子课堂。

三、东盟国家孔子学院的职能定位

孔子学院作为面向海外设立的公益性文化推广机构，其职能体现在多个方面，新时期建设21世纪海上丝绸之路国家战略的提出，也赋予了东盟国家孔子学院新的使命。

孔子学院章程总则第一条即开宗明义地指出："孔子学院致力于适应世界各国（地区）人民对汉语学习的需要，增进世界各国（地区）人民对中国语言文化的了解，加强中国与世界各国教育文化交流合作，发展中国与外国的友好关系，促进世界多元文化发展，构建和谐世界。"

由此可知，首先，孔子学院最基本的职能是教育职能，即教授中国语言文化，这在孔子学院的业务范围中能得到更充分的体现：①开展汉语教学；②培训汉语教师，提供汉语教学资源；③开展汉语考试和汉语教师资格认证；④提供中国教育、文化等信息咨询；⑤开展中外语言文化交流活动。

其次，孔子学院也是中国对外文化交流的重要渠道。开展文化交流是孔子学院的业务职责之一，如近期中国传统魔术团赴老挝国立大学孔子学院举办讲座及表演；泰国玛哈沙拉坎大学孔子学院召开座谈会，邀请广西民族大学专家团与泰国及柬埔寨专家学者共同探讨壮泰语族的语言文化艺术研究等。这些对外文化交流活动为增进中国与东盟国家的相互了解发挥了巨大作用。

最后，与世界上其他国家的语言和文化推广机构一样，孔子学院也承担着公共外交的职能。公共外交是一种面向外国公众，以文化传播、信息交流为主要方式，提升本国家形象和国际影响力，进而维护和促进本国国家利益的外交方式。不同于传统意义上国家政府层面的正式外交活动，公共外交的主体将社会公众也涵盖进来，其表现形式复杂多样，旨在影响他国对本国的认知和理解，建立良好的国家声誉。基于此，不管是英国文化协会，还是德国歌德学院，抑或是法国法语联盟，它们都被本国看作是践行公共外交的重要力量。孔子学院作为对外推广中国语言文化的机构，其从事的活动本身即属于公共外交范畴，孔子学院通过对外教授汉语，开展文化交流活动，对于加深东盟国家对中国的认知，消除分歧、创造良好国际环境大有裨益。

新时期，随着建设21世纪海上丝绸之路国家战略的提出，中国与东盟的关系进入一个新的历史节点。古老的海上丝绸之路自秦汉开辟以来，一直是沟通东西方经济文化交流的桥梁，而东南亚地区是其重要枢纽和组成部分。如今，21世纪海上丝绸之路的建设，东盟国家同样是其中最重要的一环。自

2010年中国-东盟自贸区建立以来，中国成为东盟第一大贸易伙伴，而东盟成为中国第三大贸易伙伴。经济发展促进文化交流，而文化交流则为经贸合作提供良好支撑。广泛存在于东盟各国的孔子学院并非为建设21世纪海上丝绸之路的国家战略而生，但其客观上可以为这一国家战略创造良好文化氛围，为民心相通做好必要铺垫。在新的时代背景下，孔子学院与建设21世纪海上丝绸之路携手同行，互为依托。传播丝路文化，弘扬和平合作、互利共赢的丝路精神成为东盟国家孔子学院的新使命。

四、结语

语言是一个民族的灵魂，也是了解一个国家的钥匙。在当今世界经济全球化和文化多元化的发展情势下，增进不同文化间的相互理解、和谐共处意义重大。孔子学院的诞生，顺应了全球范围内"汉语热"的潮流，其不仅为海外公众提供了解中国的必要途径，也为不同文化间的交流合作开辟了重要渠道。东盟国家与中国比邻而居，自古以来和平相处，文化交往历经千年，源远流长。孔子学院在该地区历经十年磨砺，呈现出蓬勃发展的态势。作为对外语言和文化推广机构，孔子学院承担着汉语教学、文化交流及公共外交等多项职能，同时，随着建设21世纪海上丝绸之路国家战略的实施，孔子学院也将为其提供文化支撑，推动中国人民与东盟国家人民心灵相通、文明互鉴，共同借助21世纪海上丝绸之路实现国家发展。

参考文献

[1] 国家汉办官网：http://www.hanban.edu.cn/.
[2] 中国侨网：http://www.chinaqw.com/.
[3] 孔子学院总部/国家汉办．孔子学院年度发展报告（2014）：http://www.hanban.edu.cn/report/index.html.
[4] 赵婀娜．习近平致信祝贺全球孔子学院建立十周年暨首个全球"孔子学院日"[N]．人民日报，2014-9-28（1）．
[5] 王义桅．"一带一路"助孔子学院高飞[N]．人民日报海外版，2015-2-17（1）．

中华武术在东南亚沿海城市的传承与发展

蔡 华

(广州航海学院 体育部)

一、前言

中国与东南亚国家或山水相连，或隔海相望，东南亚是我国海外移民的主要聚居地，彼此间文化交往源远流长，根深叶茂。近年来，中国与东南亚国家武术文化交流频繁，并取得了一些广受瞩目的标志性成果。中华武术不仅是留给我们炎黄子孙的历史产物，更是留给世界人民的文化瑰宝，我们要一代一代地传承它、完善它，更要全面广泛地推广它，使之不仅仅在中华大地发扬光大，还要外国人去了解它，去感受中华武术独有的魅力。

二、中华武术源远流长

(一) 中华武术的起源

中华武术的起源可追溯到石器时代，人们为了获取食物和防御侵袭，各部落之间争夺食物和利益，人们便逐渐积累了具有防御格斗功能的技击技能，武术初具雏形。武术属于传统的技击术，它以踢、打、摔、拿、击、制等技击动作为主要内容。随着社会的发展，武术在生活中越来越重要，特别是战争年代。后来唐朝兴起武术科举制度，这对武术的发展完善起到了很重要的促进作用，并形成了许多流派，主要流派有少林、峨眉、武当等。武术有南拳北腿之称。拳法上有太极拳、南拳、洪拳、八卦掌、咏春拳、形意拳、太祖拳等拳法。近代以来，当列强欲瓜分中国的时候，武术承担着保家卫国的重任。例如，霍元甲曾经为中国武术结束派系之争做出了重大的贡献，为中国人争得了颜面。近年来，李连杰、成龙、甄子丹等人，也为中华武术的传承与发展做出了重要的贡献。

（二）外国人眼里的中华武术

在外国，中国的武术被称为"功夫"。作为"功夫"的武术文化在很长一段时间里，成为世界人民了解中国文化的一个窗口，有很多人因为爱上"功夫"，也愿意了解中国。

三、中华武术博大精深

传统武术文化博大精深、影响深远，是中国传统文化中的灿烂明珠。当其与文学创作结合，继而产生武侠作品，拍摄成武侠影视作品，就自然生成了武术文化与武侠影视创作的互动发展关系。一方面，传统武术文化当中的哲学观被武侠影视创作者接纳和升华，武术文化中的兵器文化丰富了武侠影视创作的打斗场景，武术文化开放包容的特性丰富了武侠影视的创作空间；另一方面，武侠影视创作赋予武打动作丰富的美学意义，武侠影视创造出崇高的审美格调，武侠影视升华了武打美学欣赏层次。两者共同发展、相得益彰。中华武术正是以一种独特的方式诠释着中国的文化，传承着中国人自强不息、厚德载物的精神。

四、中华武术在东南亚的传播

东南亚地区的华侨、华人约3000万，是世界华侨、华人最集中，人数也最多的地区之一，这为中国与东南亚武术交流提供了良好的环境。中华武术源于中国，属于世界。"文以德彰，武以德显"，武术的真谛在于重德。广大东南亚华侨在艰辛的海外谋生过程中，一方面为了保持自己的文化个性而积极地传承祖国的母体文化，另一方面又为了适应当地的社会文化发展而放弃中华民族母体文化中的一些因素，从而使中华传统文化发生某种程度的变异。中国人向东南亚迁移的过程中经历了一个从华侨向华人的身份转变，这种转变也是中华传统文化在东南亚传承和发生变异的过程。但是，在新的历史条件下，中华传统文化在东南亚的复兴仍然是可能的。长期以来，东南亚的武术组织不断传播和推广中华武术，推动了武术的国际化进程。目前，武术运动在东南亚地区的开展呈现出大众化的特点，在印度尼西亚有百万民众练习太极拳，群众基础相当深厚。在越南河内，练太极拳的中老年人至少在万人以上。此外，东南亚其他国家的晨练都有普通民众舞拳弄棒的身影，中国武术已润物无声般地融入东南亚民众的生活之中，悄然形成一种健康的生活理念，同时武术的文化内涵也越来越受到重视。

（一）中华武术应发扬传统，去粗取精

中华武术历史悠久，源远流长，传承千载，形成了世界武术宝库中的瑰宝。随着经济全球化时代的到来，中华武术正整体受到了严峻的考验，"国际化与本土化""西方化与中国化"的跨文化对话，不得不引发我们对现存民族传统武术运动所固有的民族和本土等特性的思考，中华民族传统武术运动如何适应现代社会的发展，提升整体地位，使中华民族的传统武术在现代社会中得以继承和发扬。

1. 坚持"传统性"，保持"技击性"

中华武术扎根传统，科学发展，坚持"文武合一"、交融一体、内外合一、内外兼修的修炼原则，内外互导的训练原则，具有鲜明的"天人合一"的文化色彩。"形似而神不似"，使武术不像武术，影响了武术文化在各国的传承和发展。中华武术是"始以至实用"的技击之本，技法成为武术最突出的特征。

2. 多渠道、多形式传承中华武术

东南亚除东帝汶之外，都成立了武术协会，还有中国华侨国际文化交流促进会、地方协会。东南亚各国武术协会常常邀请中国武术教练前去执教或组织国际武术比赛活动，邀请中国武术运动员参加，有力地促进了东南亚国家与中国的武术交流。例如，北京体育大学前后有多名武术教师担任东南亚国家武术教练；上海体育学院武术学院教师经常赴马来西亚、新加坡、菲律宾、越南等东南亚国家进行讲学、研讨并担任裁判工作，东南亚国家武术代表团亦常年前来我国学习观摩。这些东南亚国家把武术纳入体育课的教学内容，这说明了武术已逐渐被纳入东南亚国家的教育体系。

3. 走向世界，不断完善

传统武术是东方文化的代表，讲究中庸之道，讲究和谐发展。但是传统武术各立门派，故步自封，盲目地推崇自己门派技术的实用价值，排斥他人技术之优，传统武术从来就有技术"保密"的意识，这种狭隘的意识很大程度上限制了技术的公开性和竞技性，限制了技术的发展。

（二）理论与实践相结合，促进中华武术的发展

理论与实践相结合，理论是基础，实践是理论的源泉。理论要同不断发展的实践相适应，要经常组织专业人才进行武术理论学习，派专门人员对中华武术进行全面细致的调研、挖掘，整理传统的武术文化，挽救一些濒临失传的武

术套路及拳法，考证中华武术对健身、养生及医疗等方面的理论，编写套路、专辑，为武术的继承发展研究奠定基础。

（三）发挥学校这个重要场所的传承作用

发挥学校这个重要阵地，从娃娃抓起，充分挖掘青少年的潜力，提高学生的身体素质，使学生这个年轻的群体早早地被挖掘，包括力量、柔韧性和反应能力，进而在高校进行系统的学习和专业的培养。学校教育的开展对国家传统武术的传承、学生心理和意志品质的培养起着相当重要的作用。

五、中华武术在东南亚传承与发展的对策

（一）"武德"应放在首位

"武以德立，武以德先"。提倡尚武精神，讲究正义、公平、公道，择其善而从之，择其恶而攻之，像霍元甲这样的英雄人物常常激励着中华民族自强的民族精神。"武德"教育着无数的习武者如何去遵循社会规范并做一个深受社会尊重的人。习武之人，要做到讲文明、有礼貌，正心思、习品行，表里如一、举止庄重；动则功夫到家，静则修养有素。习武师傅收徒弟时，必须先看品行、道德，再看其他。因此，武术教育是一种修德塑人的过程，必须放在首位。

（二）解决重技术轻文化的现象

武术是中华民族的瑰宝，是传统文化的精华，"对于其维系和传承而言，最重要的途径是依靠教育"。在武术教育教学过程中更多的只是强调武术技术动作的学习，只注重了"形似"而忽略了"神似"；忽略了武术文化内涵的传播，丢失了传统文化的韵味，"学得快，丢得也快"。应该通过武术理论知识的学习，更好地掌握武术技能，达到"神形兼备，内外兼修"的武术学习效果，只有注重"武德，武魂"的追求，才能使武术文化的精髓得以传承。

（三）处理好"武术与宗教""武术与医学""武术与娱乐"之间的关系

1. 武术与宗教

武术文化源远流长，内涵丰厚，特色鲜明，是对东南亚国家开展和平友好交流活动的重要载体；中国与东南亚国家宗教武术文化交流有着优越的交流环

境，交流主体广泛，交流内容丰富多彩，交流方式多元，交流成果显著；应挖掘中国宗教武术文化的内涵与外延。中国佛教协会、中国道教协会、中国伊斯兰教会等宗教组织为促进东南亚国家宗教组织之间的相互联系，常常会举办或受邀参加一些文化交流活动。而这些活动往往会涉及宗教武术，中国与东南亚国家举行的国际武术比赛中常常有教门弟子参赛的身影。

2. 武术与医学

武术，同中国古代军事、哲学、艺术各方面有着种种联系，而与医学之间的联系尤为密切。深入探讨这两者间的关系，对于武术与医学有机地结合，逐步形成一套具有中国特色的运动医学体系，无疑有着重要意义。从武术的发展情况看武术同医学之间的联系，武术在产生发展中受生产劳动实践及军事战争的直接影响，很容易使人理解。但是，在社会发展中，为了健身祛病的客观需要使武术成为一种体育运动形式，从而又受医学的密切影响而发展，在这一点上很容易被人忽视。

3. 武术与娱乐

武术的娱乐功能是武术套路产生的主要源泉。自古以来，武术的娱乐观赏功能在武术的发展、演变过程中发挥着重要的作用。武术无论是套路还是散打比赛，都会给人们带来美的享受。通过身体力行地亲身参与武术活动，在身体机能得到调节的同时，还因为个体自由的选择而得到心理的愉悦和精神的放松。武术套路"神随形转，形随意动"含而不露，通过技术动作表现内心的意向，在"击"与"情"上相互交融，体现了气韵无穷的魅力，把观众带进身体活动的艺术殿堂。

海上丝绸之路与中伊文化交流

陈华健

(广州航海学院 外语系)

2013年10月，中国国家主席习近平同志在访问东盟国家时，正式提出了建设21世纪海上丝绸之路的战略构想。随后，在2014年3月5日，李克强总理所作的政府工作报告中，更是进一步提出要抓紧规划建设"丝绸之路经济带"和"21世纪海上丝绸之路"。在中国政府的大力倡导下，越来越多的沿线国家正积极参与到其中，但由于固有思维的影响以及出于对本国国家利益的考量，沿线国家对21世纪海上丝绸之路战略还存在一些疑虑和误解。出现这些情况的原因，一方面是西方国家所鼓吹的"中国威胁论"在作祟，另一方面更重要的是，中国与沿线国家之间在交流交往中缺乏了解，缺少政治互信。文化交流对于国家之间的合作互动具有增信释疑、促进合作的作用。基于此，为更好推动21世纪海上丝绸之路的战略实施，推动沿线国家的携手合作，加强中国与沿线国家的文化交流研究就具有了十分重要的理论与现实意义。

一、中伊文化交流的意义

伊朗，在中国古代又被称为波斯、安息，位于亚洲西南部，中北部紧靠里海，南靠波斯湾和阿拉伯海，东邻巴基斯坦和阿富汗，东北部与土库曼斯坦接壤，西北与阿塞拜疆和亚美尼亚为邻，西部与土耳其和伊拉克接壤，北隔里海与俄罗斯和哈萨克斯坦相望，国际战略地位十分突出，素有"欧亚陆桥"和"东西方文化长廊"之美誉。与此同时，伊朗是世界上第四大产油国，有着极为丰富的油气资源。此外，伊朗控制着波斯湾东岸和霍尔木兹海峡，在中东地区的地缘战略中发挥的作用是不言而喻的。

在海上丝绸之路的沿线国家中，伊朗占据着一个非常重要的要道。伊朗庞大的国内市场及丰富的油气资源，对于中国经济的发展、能源供给都具有十分重要的意义。此外，在全球航运安全、国际政治经济等方面，中伊都需要加强合作。因此，在建设21世纪海上丝绸之路这个战略大背景下，伊朗的地位与作用必须得到我们的重视，加强与伊朗方面的合作与交流应该成为我们外交战略中的一个重要内容。

中华文明和伊朗文明均为世界上具有重要影响力的文明。伊朗作为中东地区具有悠久历史文明的古国，在其漫长的历史长河中，创造出了独具特色又源远流长的伊朗文化。早在两千多年前，中伊两国就通过海上丝绸之路这一纽带紧密地联系在一起，建立了深厚的友谊。两国通过经贸往来和人员互动，推动了双边文化的不断交流传播与融合，并互相产生了深刻的影响，加深了双边的了解与认识，促进了两国关系的持续健康发展。此外，伊朗作为海上丝绸之路的要道，在推动中伊文化交流以及东西方文化交流中更是发挥了重要的历史作用。

当前，在大力建设21世纪海上丝绸之路的战略大背景下，重新回顾中伊双方通过海上丝绸之路这一纽带所创造的文化交流史，既有利于持续深化双边的文化交流，增强双边的战略互信，促进两国友好关系的稳步发展，又能以点带面，树立良好的合作典范，为国家"一带一路"建设做出积极的贡献，推动沿线国家的共同合作与发展，携手重现海上丝绸之路的繁荣。

二、中伊文化交流的历史回顾

从两国的古籍、史书以及出土的文物来考察，虽然中伊两国相距千里，中间被浩瀚的沙漠以及茫茫的大海所阻隔，但双边的文化交流早在两千多年前就已开始。通过陆上丝绸之路以及海上丝绸之路，两国的经贸往来、文化交流绵绵不断，在文化交流的过程中，双边也加深了了解并且结下了深厚的友谊。

（一）中伊文化交流的萌芽

据我国史书记载，中伊两国政府间的往来始于公元前二世纪末期，即西汉武帝刘彻公元前一年统治时期，这也是伊朗历史上的帕提亚时代。在两国政府正式往来之前，中伊人民就已经开始了贸易往来与文化交流。由于当时航海技术与客观条件的制约，中伊双方的文化交流主要还是通过陆上丝绸之路进行，海上丝绸之路的发展还没有形成。但随着陆路经贸往来的发展，在促进文化交流的同时，也为海上丝绸之路的发展创造了条件，打下了基础。

在此阶段，双方使者和商贾的往来络绎不绝，中国的丝绸、铁器通过安息商人远销西亚各国，西方的珠宝、香药、象牙、犀角、皮毛也输入到了中国。通过中伊双方的共同努力，双边的政治联系、经贸往来、文化交流得到了蓬勃的发展。

（二）中伊文化交流的发展期

伊朗在伊儿汗时代与中国元朝往来不短，经常互相聘问和开展经济、文化交流，在合赞汗统治时期尤为密切。

随着航海技术与海上丝绸之路的发展，中伊两国通过海上丝绸之路这一纽带，文化交流也进入了一个蓬勃发展阶段。元代，中国和伊朗人民友好往来，不仅从通过西域的商路，而且沿着从南海入印度洋直溯波斯湾这条海路。据史书记载，1297年，法克尔衰丁曾以伊儿汗王朝合赞汗使者的资格，由海路到中国，拜谒元成宗铁穆耳，受赐贵族之女，因滞留中国数年，至1305年，复从海道回国。元朝汪大渊通过参与的几次海上航行，撰写了《岛夷志略》一书。其在书中也记载了中伊文化通过海上丝绸之路进行交流的史实。此外，在此阶段，由于陆路丝绸之路的阻隔，海上丝绸之路逐渐成了两国进行贸易往来、文化交流的主要通道。在当时的海上丝绸之路起点的福建泉州，更是吸引了众多伊朗商贾前来聚居，进一步推动了双边文化交流的传播与融合。

在明朝统治期间，为进一步拓展海外市场，加强与西域国家的经贸往来，海上丝绸之路更是得到了进一步发展。以郑和下西洋为代表，明朝先后3次派遣郑和访问了伊朗治下的忽鲁模斯（今译为霍尔木兹）。忽鲁模斯王也连续4次派使团到中国进行合法的贸易。在双方的推动下，依托海上丝绸之路这一航线，中伊两国的文化交流进入更加宽广的领域，双边的友好关系也得到了进一步发展。

（三）中伊文化交流沉寂期

16世纪初到20世纪中叶，随着西方资本主义的发展与扩张，在欧洲殖民扩张的影响下，伊朗逐渐沦为西方列强的半殖民地。而中国由于闭关锁国的政策，海上贸易不断萎缩，在西方列强的侵略下，也沦为西方列强的半殖民地。在此时期，由于中伊海上贸易受阻，中伊双方的文化交流基本处于停滞状态，双边的文化交流以及经贸往来遭受到了严重打击。

三、中伊文化交流的现状

随着中国改革开放的实施，中伊双边的文化交流重新进入了一个蓬勃发展期，在双边的共同努力下，文化交流的内容与形式不断丰富，政治、文艺、学术等交流日益频繁。

（一）政治交流

中国与伊朗均为发展中国家，有着悠久的文化交流史，在当今全球化的发展过程中，两国都非常重视本国的传统文化，反对文化霸权，主张不同文化之间的交流与合作。因此，基于同样的文化诉求，两国都非常重视相互之间的文化交流，尤其重视一直以来良好的文化交流的历史传统。

2010年10月，中国文化部副部长王文章表示，伊朗和中国在各个领域，包括文化领域的关系是良好的，面向发展的。并希望通过举办两国建交40周年庆祝活动，伊朗和中国的文化关系得到进一步发展。他会见伊朗文化和伊斯兰联络组织副主席普尔时说，中国对伊朗方面关于更好地举办中伊建交40周年特别活动的建议表示欢迎。他强调要加强两国专家代表团的交流，加强两国的文化交流和文化官员的往来，加强两国文化交流将进一步帮助两国相互了解。伊朗文化和伊斯兰联络组织副主席普尔在会见中谈到伊朗在过去30年里取得的成就，并表示要努力向中国介绍今日伊朗的成就和文化。相应地，在文化领域伊朗也要了解今日中国。

中伊双方的政治互信，为两国文化交流的进一步发展打下了坚实基础，对于推动新时期中伊文化交流也产生了重要作用。

（二）文艺交流

伊朗于1989年在中国设立了文化处和文化代表处，负责伊朗与中国的文化交流活动，并多次在中国举办伊朗文化周。2002年10月，中国文化部部长孙家正率中国政府文化代表团到伊朗访问；同年，中国在伊朗成功举办了中国文化周。

在2003年伊朗文化周期间，伊朗民族乐团和伊朗综合艺术展在中国多个地方进行了访问演出和展出。伊朗综合艺术展包括了伊朗书法展、伊朗当代女性艺术家绘画展、伊朗传统手工艺品展和伊朗细密画展等，受到喜爱伊朗文化的中国人的欢迎。同年，中国京剧团到伊朗演出访问，更是受到伊朗人民的热烈欢迎。

中伊两国的文艺交流越来越频繁，高频率的文艺交流也进一步推动了中伊文化的交流与双边了解。

（三）学术交流

目前，中伊两国之间的学术交流也逐渐活跃起来，两国研究对方的机构和人员都不断增加，学术交流日益扩大，各层次各领域的学术交流普遍展开。

两国学术机构共同举办了中伊文化学术会议、学术研讨会以及其他不同规模的综合或专题的学术交流活动。2004年3月,云南大学与伊朗德黑兰大学等高校联合在昆明举办了首届赛典赤国际学术研讨会,主题是赛典赤·瞻思丁与中国—伊朗的文化交流。2007年3月,首届伊朗学国际学术研讨会在云南大学召开。主题为"中国—伊朗文化交流的影响"的首届伊朗学国际研讨会,是由伊朗驻华使馆与云南大学在共建云大伊朗研究中心时双方既定的学术项目。

中国与伊朗一直保持着良好的经济文化联系。近年来,高校对伊朗经济、文化的研究逐渐增多,中国现在已有不少高校都开设了伊朗研究机构,对伊朗的政治、经济、历史、文化等方面进行研究。云南大学的伊朗研究中心是中伊开展文化交流的重要平台。此外,国内开展伊朗研究的学术研究机构还有上海外国语大学的中东研究所、北京大学的国际关系学院、西南大学的西亚研究所、中国国际问题研究所、西亚非洲研究所、上海国际问题研究院以及欧亚社会发展研究所等,它们共同构成了当今中国的伊朗研究机构的主体。

两国专家、学者围绕两国关系中的一系列重要问题进行高层次、及时有效的学术研究和探讨,使两国的学术文化交流得到了逐步加强,成为拉近中伊两国关系的一个坚韧的文化纽带。

四、结语

海洋是各国经贸文化交流的天然纽带,共建21世纪海上丝绸之路,是全球政治、贸易格局不断变化形势下,中国连接世界的新型贸易之路,其核心价值是通道价值和战略安全。尤其在中国成为世界上第二大经济体、全球政治经济格局合纵连横的背景下,21世纪海上丝绸之路的开辟和拓展无疑将大大增强中国的战略安全。伊朗作为海上丝绸之路沿线上的一个极具重要战略地位的国家,其对海上丝绸之路的参与,将会对21世纪海上丝绸之路建设的发展产生重要影响。

中伊两国的文化交流源远流长,双边在丝绸之路这个纽带上,加深了相互了解,建立了深厚的友谊。在当前构建21世纪海上丝绸之路这个战略大背景下,重新回顾中伊文化交流史,探讨未来发展新趋势,在新形势下寻求进一步促进两国文化交流的新方法,对于增强中伊双方的战略互信,加强双边经贸合作,携手合作重现海上丝绸之路的繁荣,更是具有重要的现实意义。与此同时,中伊双方在良好的文化交流基础上加深合作,为海上丝绸之路沿线国家通过文化交流促进双边合作,共同参与到这个互利互惠的战略中树立了的良好典范，这也将对"一带一路"建设产生积极而深远的影响。

参考文献

[1] 田鸿坡. 中国—伊朗文化交流研究 [D]. 重庆：西南大学，2011.
[2] 王锋. 丝绸之路与中伊双边关系研究 [J]. 丝绸之路，2004（s1）.
[3] 杨兴礼. 中国的伊朗研究六十年 [J]. 西亚非洲，2010（4）.
[4] 何跃. 唐宋元明时期的中国伊朗关系 [J]. 云南教育学院学报，1997（6）.
[5] 朱杰勤. 中国与伊朗关系史稿 [M]. 乌鲁木齐：新疆人民出版社，1985.
[6] 艾少伟. 伊朗伊斯兰文化与中伊文化交流 [D]. 重庆：西南大学，2006.

海上丝绸之路文化交往对粤语的影响

马英明

(广州航海学院　社科部)

语言是文化的主要载体,某一地域的语言具有某一地域的重要特征。广东三大方言,即粤方言、闽方言和客方言,都是因为受到广东不同时期历史文化的影响,先后从古代的汉语分化出来的。其中,"老大哥"粤方言的分化尤其是受到发端于岭南的海上丝绸之路的莫大影响,并由此传播到世界各地。粤语是除普通话外在外国大学有独立研究的唯一的中国汉语。

一、古代海上丝绸之路扩大了粤语的包容性

由于海上丝绸之路的畅通,东汉时代以来,印度的佛教,以及海外各国的文化,亦多自越南河内以及广东的徐闻、合浦与番禺等港口传入。

当时中国只有岭南拥有江海联运的独特优势。秦始皇攻打百越时,先在湘江和漓江之间开凿了一条"灵渠",接着又在潇水与贺江之间开辟一条水陆联运之道,即"潇贺古道"。秦汉以后,中原地区的丝绸、布帛、金银铜器皿、铁器、瓷器、漆器,南越沿海地区生产或从海外贸易交换回来的象牙、犀角、翡翠、珠玑、玳瑁等珍贵特产,沿着秦始皇开辟的通道南来北往。

《汉书·地理志》载,中国商船"自日南障塞,徐闻、合浦开航",这是关于海上丝绸之路的最早商业记录。汉武帝发兵先后征服闽越和南越,建立政权稳定海疆,南方沿海航路自此畅通,中国主动与东南亚、南亚的海上贸易由此拉开序幕,海上丝绸之路开始形成。商船从徐闻(今属广东)、合浦(今属广西)出发,经南海到达今泰国湾、马来西亚、孟加拉湾、印度半岛等地,徐闻、合浦因而是海上丝绸之路最早的起点。

从此,汉代船队从广州扶胥港出发,在徐闻和合浦增加补给之后,冲破了重重风浪,前仆后继,开辟了这条沟通中国与东南亚、南亚乃至西亚、北非和欧洲的万里航线,为中西文化交流写下了浓墨重彩的一笔,也为中原文化在岭南扎根提供了强大的整合力量。

例如,"佛"这个词是梵语 buddha 的音译,全译为"佛陀",意译为"觉者"。原译为"浮屠",东汉广信人牟子做《理惑论》时改译为"佛",沿用

至今。因为粤语"佛"字读音与梵文读法一致。

又如,"南无"是梵语 namas 的音译,意译为"敬礼"。将 namas 译为"南无",完全是按粤语读音翻译的。而在中原汉语中,"南无"则读成 nan-wu,与梵文读法有明显差异。

再如,"文殊"为梵语 manjusri 的音译,全译为"文殊师利",意译为"妙德",指佛教大乘菩萨之一,以智慧闻名;译成"文殊",也是按粤语读音。而中原汉语"文"的读音为 wen,与梵文读法有明显差异。

为了方便丝绸货源流入广东,在开元四年,朝廷派左拾遗内侍奉张九龄开凿大庾岭。驿道成功开凿后,大批物资及朝廷从岭南地区收取的租赋都可以从广州出发,沿水路往北至今韶关南雄市,由陆路经过大庾岭,再转入水道,沿赣江、鄱阳湖运往各地,水路贯穿可至长安。这样,大庾岭驿道成为中原与岭南的主要交通干线,使粤赣必经的山间小道拓为通途,连接北江与赣江及中原地区的大运河,构成贯通中国南北的水上运输大通道,促使南北商贾往来空前繁荣。

再加上由于这一时期传统通往中亚的丝绸之路经常受阻,对外贸易便依赖水上运输。从东南沿海出发,沿着海岸线南下至东南亚各国,过印度洋,进入波斯湾到达东亚各国,后世把这条水上运输路线称为"海上丝绸之路"。

还有,在唐开元间,朝廷改变了以往丝绸对外贸易只许官方专营的做法,允许外国商人与本国居民进行民间贸易,在广州设立市舶使负责管理,并设"番坊"供外商居留,方便开展贸易。据《江西通史·隋唐卷》记载,唐代侨居广州的阿拉伯人多达十余万,绝大部分为商人。他们携带了大量珍珠、玛瑙、象牙等货物来到中国交易,换取中国的瓷器、茶叶、丝绸等运回国。

在诸多有利条件下,海上丝绸之路已拓展到伊拉克的巴士拉港和非洲的东海岸,形成一条亚、非洲际海上大动脉,全程共经 30 多个国家,长达 14000 多海里,是 16 世纪以前世界上最长的海上航线,创造了更加广阔的丝绸出口市场。

因此,番禺(广州)真正取代广信成为岭南的政治经济文化中心,番禺港亦取代徐闻、合浦成为海上丝绸之路的主要港口。由于广州东西航线的开通,所以在唐代开放的交州、广州、泉州、明州(今宁波)、扬州、楚州(今江苏淮安)诸港中,广州是首屈一指的大商港。它不仅是海外各国商船来华贸易必到的中国第一大港,也是国际贸易的东方大港。

广州成为海上丝绸之路的重镇,使得岭南地区的汉族人口进一步增加,与汉族长期接触的原住民已被汉化,广州话成为粤语的标准音。而在汉族分布较少的山区,原始部族则继续保持自己的语言文化。这一阶段,粤语仍受中原汉语影响，成为一种既能对应中古汉语发音，又有独立词汇文法的语言。

在唐代290多年中，世界各个国家和地区来中国的使节、商人和僧侣，主要是经南海到广州登陆的。由海上丝绸之路传入粤语的，除了印度佛教词语，还有中东及东南亚语言音译词，例如"邋遢"（脏）、"冚"（盖）等，有人以为它们来自百越土著语言，其实是来自阿拉伯语。

作为海上丝绸之路的始发港，广州早在两千多年前便与海外各国开始了频繁的航运贸易。外来的语言、风俗和本土的文化互相融合，产生出奇妙的化学反应。

根据历史资料记载，广州的阿拉伯人在高峰时期人数可能高达十几万人之众。很多人长居广州，娶妻生子，汉番通婚不在少数。这些历史在粤语中仍能觅到痕迹，如"邋遢""污糟""霖""乳香""没药"等都是这类的外来词汇。阿拉伯语对地名方面也影响深远，甜水巷、朝天路、惠福路、诗书路、海珠中路等地名，都与阿拉伯语密不可分。但其原意多与其字面意思大不相同。

光塔路：原名大食巷，曾经是伊斯兰世界商人云集之所。"大食"二字是波斯语的音译，原为一伊朗部族之称。

惠福路：原名大市街，是"大食街"的音译。但也有说惠福路得名与广州民间节庆中的"金花诞"有关，传说"金花菩萨"就出生在惠福路。

诗书路：是"狮子"的音译转变而来，"狮子国"即斯里兰卡。但这里也的确住过一位著名的诗人——明代广东名诗人张诩。张诩买下了仁王寺旧址的西圃为居所，隐居20多年，传道授业，普及文化，教育乡里。因此由"狮子"转为"诗书"也就是很自然的事情。

朝天路：得名一说，由于唐宋时期，此处属于广州的蕃坊，有大量阿拉伯人聚居，而"朝天"来自于穆斯林用语"朝天房"（即朝觐）。

甜水巷：很多人认为甜水巷得名是因为此处水井众多，水清而甘甜。其实，"甜水"即阿拉伯语"中国山冈之意"，甜水巷东侧有坡山巷地名及坡山古渡遗址可以证明这里在古时的确曾经有山冈存在。

擢甲里："擢甲"是阿拉伯语"小巷"之意。同时根据《广州地名志》记载，曾经居此的宋代进士黄勋高中后重修故居，因此定巷名为擢甲。可见这又是一个音译加意译、本土文化加外来文化混合而成的地名。

海珠中路：其南段原来叫"鲜洋"街，即阿拉伯语"送别"之意。唐代时这里还是古珠江河道岸线所在。唐朝曾要求广东地方官府对离港回国的外国商人一律举行宴会饯行，此处便是饯行处之一。随后外商登船，从此踏上漫漫回程。

仙邻巷：在广州市惠福西路，"仙邻"是阿拉伯语"中国"的音译。但这里因与五仙观古迹为邻,因此在地名演变过程中,人们选择了这个既是音译、又是意译的精彩译名,承载历史信息之余,又寄托了对美好生活的希冀。

由于南岭的缓冲,广州政局比较稳定;又由于地处海上丝绸之路的要冲,经济实力比较雄厚,所以能鼎力支持佛门各项事业,佛教各时期的经典可以在广州翻译、交流,使得佛门诸宗各派在广州可以得到沟通。随着佛经的翻译与传播,大量梵语中的佛教词语便输入汉语之中。这些佛教词语有许多是首先进入广州通行的粤语中,然后逐步推广到整个汉语的。例如:

世界:出自广东人释怀迪证译的《楞严经》:"何名为众生世界?世为迁流,界为方位。汝今当知:东、西、南、北、东南、西南、东北、西北、上、下为界;过去、未来、现在为世。"可见"世"指时间,"界"指空间,合称义同宇宙。而现在我们所说的世界,既可用以指宇宙,也可用以指地球上的所有地方。

词语如:平等、方便、圆满、宗旨、刹那、过去、现在、未来、表示、解脱、妄想、烦恼、障碍、消灭、信仰、信心、心地、心机、心眼、正宗、空想、誓言、敬爱、自爱、追求、印象、恩德、理智、宿命、爱河、真空、真实、真相、化境、说法、身心、寂静、胜利、利益、普遍、普通、绝对、真理、真谛、原因、机缘、苦果、恶果……

成语如:现身说法、五体投地、皆大欢喜、盲人摸象、水中捞月、借花献佛、昙花一现、作茧自缚、天花乱坠、不可思议、循环往复、出生入死、心猿意马、花花世界、一刀两断、功德无量、善男信女、普度众生、三生有幸、看破红尘、想入非非、晨钟暮鼓、青灯黄卷、大彻大悟、一尘不染、一念之差、在劫难逃、自取灭亡等等,不胜枚举。

通过佛经翻译而传播的佛教词语,有音译词,也有意译词,还有音译意译兼用的。这些词汇在两汉以前的文献典籍无法找到,而在汉译佛经中频频出现,逐步成为汉语中普遍使用的常用词语。而粤语在这些佛教词语的输入中所起的桥梁作用,充分体现了广府文化开放与包容的特性。

二、大航海时代海上丝绸之路促进了粤语的逆向传播

15至18世纪是人类历史上发生重大变革的时代。欧洲人相继进行全球性海上扩张活动,特别是地理大发现,开启了大航海时代,开辟了世界性海洋贸易新时代。

经过西方人的航海扩张,从西欧出发有两条航线可以直通广州:一条是沿

非洲西海岸南下，绕过非洲南端好望角，横渡印度洋，经苏门答腊岛西南部海面穿越巽他海峡，北上进入南海，到达澳门和广州；或者绕道马六甲海峡，从南海到达广州。另一条是横渡大西洋，从美洲绕过麦哲伦海峡，横渡太平洋，航行至菲律宾群岛，再从菲律宾出发，直航到广东和东南沿海其他地区。后来美国加入对华贸易，美国船舶又开辟了新的太平洋航线。

西方国家采取各种措施扩大与中国的贸易，中国对外贸易的主要对象由东南亚国家转向欧美国家，进出口商品结构也发生很大的变化。中国出口货物主要是丝绸、茶叶、瓷器，还有土布、糖、冰糖、麝香、大黄、鬼桂子、姜黄、朱砂、樟脑、明矾、铜、水银、锌、铁锅等。从欧美诸国输入的是毛织品和棉花，此外还有银元、皮货、香料、药材、鸦片、玻璃器皿、玻璃镜、自鸣钟等。与古代海上丝绸之路相比较，明清时期海上丝绸之路发生了根本性的变化。

与西方世界的开放相比较，中国反而日趋保守。尤其在海上运输方面，明代实施海禁政策，不准商民出海经商，只允许以朝贡形式进行对外贸易，而广州仍为岭南物资集散枢纽和主要对外贸易港口。政府只注重内河运输，继续整治珠江三角洲水网航道及西江、韩江水道，采用"联围筑闸、塞支强干、束水攻沙、加深加宽"的办法，把防洪、防潮与浚深航道结合起来，并在主要港湾及河流上，根据物资集散的需要设置港口、津渡或码头，内河运输得到较快的发展。

明朝这种海禁政策为清朝所继承。清朝初年，实施严厉海禁与迁界，限制中外正常交往。康熙二十五年，广东设置十三行。这些行商依照规定专营对外贸易，简称洋行，习惯上称为十三行。乾隆二十二年以后，禁止欧美商人前往福建、浙江贸易，只保留广州"一口通商"。

这样，在明清时期，广州成为全国唯一的对外贸易口岸。尤其清朝"一口通商"，黄埔岛更加繁华，数千艘外国商船泊于港口，办完各种手续后，洋商大班搭上小艇，来到十三行洋馆歇脚谈生意，水手们则留在黄埔岛上。

中文对于西方人是一种决然不同的表述方式，十分难以掌握；再加上中国政府有意识地拒绝西方人学习中文。尤其雍正以后，外国传教士人数日增，到处传扬耶稣、东正等教义，当时清政府害怕他们给中国人"洗脑"，造成动荡，所以就禁止他们来华。也不许中国人教洋人说汉语，违者是要杀头的。如果外国人学中文，轻则驱逐出境，重则招来牢狱之灾。雍正年间就曾有一个叫詹姆斯·弗林的英国船长，因为雇请徽商给皇帝写告状信而在澳门被监禁了3年，还有一个懂中国话、敢跟广州官府叫板的法国神甫罗德果里也被关押多年。

为了方便中外商人之间开展商贸活动，18世纪之后，在中国沿海出现了一种很奇特的语言，一种汉英混合语，俗称洋泾浜英语，也即"广东番话"（Canton English）。据雍正年间广东巡抚的奏折，当年的黄埔深井岛村民擅用英语（其实是广东人自创的"鬼话"）与洋人交易。这种最早的汉、英混合语是汉语与英语在民间口头接触的产物，并成为中英商人当面直接交流的通用语，这种特殊语言一般仅用于口头，不用于书写。

由于汉语与欧洲语言在形态上相去太远，当时外国商人几乎没有任何汉语知识。由于这个缘故，洋泾浜英语不可避免地要得到很快的发展，以至到后来成为外国人与中国上层社会之间的交际工具，甚至成为操不同方言中国人之间的交谈用语。

当然，广东英语用词的来源，并非全是英语词，应该是葡萄牙语、英语与汉语混合的变种，甚至还有马来语的成分。因为在广东英语流行以前，广东沿海从明末以来早就流行过广东葡语。

这种"广式英语"，将英语单词用粤语音译，用汉语语法"组装"，由此而派生一批中西结合的词语，例如"冷衫"（毛线衣）、"恤衫"（衬衣）、"扑飞"（买票）、"打波"（打球）、"波恤"（球衣）、"波鞋"（球鞋）等。鸦片战争之后，许多广东商人随之迁往上海经商，将"广式英语"带到上海洋泾浜，由此而派生出"洋泾浜英语"。

这里还有一点必须提及，就是洋泾浜英语的出现产生了一种谁都没有预料到的结果，那就是外国人没有学习中国官话与广东话的动力。由于运用洋泾浜英语就能对付日常的生活与贸易往来，一般商人就不想下苦功夫去学中国话了。只有东印度公司广州商馆才注重对年轻文员的汉语教育。

由于清朝闭关自守，尤其是清朝中后期，仅留下广州与其他国家进行贸易，故相当一部分外国人来到中国后掌握的汉语是粤语而非官话，不少京官为了与外国人经商议事亦常常接触粤语，使得粤语首次逆向传播到中原。第五版《现代汉语词典》就收入了大量粤语词，例如"买（埋）单""花心""入围""生猛""煲电话粥""爆满""炒鱿鱼"等。

在这一时期，又有大量的粤人迁移到美洲、澳大利亚和东南亚等地，粤语开始传播到世界各地。随着广东人漂洋过海，英语中也吸收一些粤语语词，如"kung fu"（功夫）、"silk"（丝）、"tea"（茶）等等。现代英语中有wok一词，其意义就是"凹底锅"，即粤语的"镬"。

改革开放以来，随着中外经济文化交往日益频繁，出现了引进外来词语的新浪潮。这次新浪潮跟前两次比较，不但来势更猛，输入量更大，而且有个明显的特点，就是通过港澳作为桥梁。

香港通行英语，所引进的外来词语也就以英语词为主，有直接音译的，例如"的士"（出租车）、"巴士"（公共汽车）、"飞士"（面子）、"波士"（老板）、"唛巴"（号码）、"士多"（小商店）、"贴士"（提示）、"粉丝"（崇拜者）、"杯葛"（抵制）等；也有"组装"的，例如"大巴""中巴""打的""领呔""酒吧""网吧"等。

最典型的莫过于"的士"一词，本是英语"taxi"的粤方言音译，在粤语区尤其是香港已经使用了很长一段时间，近年来则吹遍全国几乎所有大中城市。本来，普通话中早已经有规范的叫法为"出租小汽车"，但这一规范名称逐渐被"的士"所取代。在我国最大的城市上海，这一外来词语的流行惊动了市政府领导人，他们曾在1986年以行政手段"规定"：即日起，出租汽车凡"继续标有'的士'字样的，将不准上街营业"。于是，"的士"两字便在上海出租汽车顶上消失了，但是这个词语并没有消失，依然在日常语言交际中流行。

大多数外来词语都是先输入港澳，流行了一段时间之后，再被引进到珠江三角洲。港澳本身是粤语区，因而所引进的音译词多带粤语方音，意译词及音意兼译词也带有粤语的构词特点，加上广东尤其是珠江三角洲与港澳毗邻，这些外来词语就首先输入粤语之中，然后随着粤语的扩散而推向全国各地。

据语言学家陈章太、陈建民在20世纪90年代初的统计，改革开放以来，仅是通过粤语吸收进普通话的外来词语至少有600多个，其数量远远超过国内的任何地方方言。例如"炒鱿鱼""炒更""埋单""搞掂""生猛""入围""抢手""爆满""人气""减肥""花心""靓女""煲电话粥""按揭""布艺""搞笑""廉租""房车""面膜""咪表""猎头""警匪片""洁具""穿帮""非礼""高企""卖点""另类""置业""楼盘""物业"等等。上述外来词语和流行词语，已经成为广府文化的一种符号，随着南风北渐而传播全国。

中国社会科学院语言研究所编的《现代汉语词典》在1996年和2005年两次修订时，就收录了不少粤语中的外来词语与流行词语。修订主持人晁继周先生指出：粤方言对汉语贡献很大，有查询和解释价值的广东话越来越多。"可能过不了多久，这些方言就会变成普通话的一部分。"

三、结束语

粤语的形成和发展，与岭南的海上丝绸之路有着密切关系。粤语的来源，不是从中原汉语通过大规模的移民运动一下子直接移植过来，而是受到海上丝绸之路发展过程所产生的整合力量而缓慢推动的，与当地的民族语言（即古越语）等融合而成，这与客家方言的集团性方言的发展过程明显不同。故粤语具有明显的"水文化"特性，具有较强的整合力，有极大的兼容性和开放性，善于嫁接他种文化，善于引进、吸收别国语言中的某些因素，并在某种程度上逆向影响整个汉语的变迁。

参考文献

[1] 罗香林. 世界史上广东学术源流与发展. 书林. 第一卷第三期。
[2] 晁继周. 现代汉语词典（第6版）. 北京：商务印书馆，2012.

海上丝绸之路上的瑞典"哥德堡"号

黄叶青

(广州航海学院 外语系)

早在1877年,德国著名地理学家李希霍芬在其传世巨著《中国——亲身旅行和据此所作研究的成果》中首次提出"丝绸之路"这个名称。1903年,法国汉学家沙畹在其专著《西突厥史料》中又提出"丝路有陆、海二道",由此有了"丝绸之路"这一广泛沿用的概念。具体来说,在我国历史上,一条是陆上丝绸之路:以西汉都城长安(今西安)为起点,东汉时期以都城洛阳为起点,跨越陇山山脉,穿过河西走廊,通过玉门关和阳关,抵达新疆,沿绿洲和帕米尔高原通过中亚、西亚和北非,最终抵达非洲和欧洲;另一条是海上丝绸之路:以我国东南沿海港口为起点,向北直通朝鲜半岛和日本列岛,向南可达东南亚各国,再向西进入印度洋地区,以及更为遥远的欧洲和美洲。海上丝绸之路是古代中国与世界其他各国经贸往来和文化交流的海上通道,形成于秦汉时期,发展于三国、隋朝时期,繁荣于唐宋时期,转变于明清时期,是已知的最为古老的海上航线。

一、瑞典"哥德堡"号仿古船重走海上丝绸之路

瑞典"哥德堡Ⅰ号"是大航海时代瑞典东印度公司著名的大型远洋商船,由瑞典首都斯德哥尔摩的特拉诺瓦造船厂建造,因瑞典东印度公司总部所在城市哥德堡而得名。早在18世纪30年代,"哥德堡Ⅰ号"曾经不远万里来到广州,揭开了瑞典与广州友好交往的第一页,也揭开了海上丝绸之路的重要一页,在瑞典早期对华贸易中发挥了重要作用。

具体来说,"哥德堡Ⅰ号"在短短7年间曾前后3次远航广州:第一次为1739年1月21日至1740年6月15日;第二次为1741年2月16日至1742年7月28日;最为世人关注和惋惜的是第三次也是最后一次远航,这次远航于1743年3月14日启航。在这次远航中,船只在越南海域遇上季风,只得驶至爪哇岛等候5个月才能继续北行,终于在1744年夏天到达广州。1745年1月11日,"哥德堡Ⅰ号"从广州启程回国,船上装载着大约700吨中国物品,包括茶叶、瓷器、丝绸和香料等。8个月后,即1745年9月12日,"哥德堡Ⅰ

号"航行到离哥德堡港大约900米的海面，离开哥德堡30个月的船员们已经可以用肉眼遥望到自己故乡的陆地。然而就在这个时候，"哥德堡Ⅰ号"船头突然偏离了航向，驶入了汉尼巴丹那片礁石区，触礁沉没。所幸"哥德堡Ⅰ号"上的所有船员都由救援船只救出，事故没有造成人员伤亡，但很多从中国运输过来的珍贵货物都随着船只沉没于海底。

半个世纪后的1796年，"哥德堡Ⅱ号"也在南非好望角外失事。

1986年，"哥德堡Ⅰ号"古沉船考古发掘工作全面展开。1993年，瑞典新东印度公司开始筹划仿造"哥德堡"号，以"哥德堡Ⅰ号"为原型，建造"哥德堡Ⅲ号"仿古商船，并且要沿着先人古老的海上丝绸之路航线，重访中国广州。1995年6月11日，"哥德堡Ⅲ号"安放龙骨开工建造，船厂举行了传统风格的盛大典礼，瑞典国王卡尔十六世成为这项工程的监护人。2003年6月，经过10年的精心打造，这艘使用18世纪工艺制造的"哥德堡Ⅲ号"新船顺利下水。该船全长58米，排水量1250吨。2005年10月2日清早，"哥德堡Ⅲ号"正式远航中国。10多万哥德堡市民倾城出动，500多艘游船跟随欢送，场面极其壮观。在启航仪式上，瑞典的艺术家表演了精彩的文艺节目，我国中央电视台《探索·发现》栏目的两位记者邓武和沈光华有幸成为"哥德堡Ⅲ号"仅有的两位全程随船的中国人。为了纪念这次"哥德堡"号复航广州的文化之旅、探险之旅和友谊之旅，2006年，邓武和沈光华撰写了一部专著——《追逐太阳的航程——"哥德堡"号中国之旅》。

为了迎接瑞典"哥德堡"号重访广州，原海军装备部部长郑明少将曾经给广州市主要领导写信，内容主要是呼应"哥德堡"号的复航，提议修建我们自己的仿古船：依照国际海上船舶交往礼节惯例，我国应有一艘相应的中华仿古木帆船，去港外迎接并引导外国船至停泊港口码头。这个建议激发了南粤人的创作热情与美好回忆。广船、沙船、浙船和福船并称为我国历史上的四大船型，并且广船在船体结构、船舶造型和风力利用设计等方面尤为见长，完全有能力修建一艘广式仿古木帆船。这样，综合广船和明清官船特征，并借鉴参考现存广船和永乐年间郑和下西洋的相关船型资料，在此基础上开发创新而成的"南海神·广州日报"号应运而生。

二、瑞典"哥德堡"号：海上丝绸之路的历史见证者

据资料记载，早在17世纪以前，北欧瑞典王室就有收藏中国瓷器的记录和传说，到了18世纪，很多瑞典人以收藏中国瓷器、穿中国丝绸、品中国茗茶作为身份与财富的象征，并且成为一种时尚潮流。1745年1月11日，"哥

德堡Ⅰ号"从广州启程回国，船上装载着大约700吨中国物品，包括茶叶、瓷器、丝绸和藤器。当时这批货物如果运到哥德堡市场拍卖的话，估计价值2.5亿至2.7亿瑞典银币。

（一）广州口岸一枝独秀

我国古代海上丝绸之路开始形成于西汉时期，在隋唐时期达到了鼎盛。广州不但是古代海上丝绸之路的发祥地，而且是我国历史上唯一对外贸易历久不衰的港口。尤其是清朝政府非常重视粤海关，在乾隆二十二年（1757年）关闭了江、浙、闽三个海关，只保留了粤海关，使得广州成为当时全国唯一的通商口岸，有力促进了广州海上丝绸之路的快速发展。广州作为我国海上丝绸之路历史上唯一对外贸易历久不衰的重要港口，无疑是中瑞之间经贸往来和文化交流的通商口岸。广州是我国海上丝绸之路存在时间最为悠久的始发港，明清时期更是我国历史上唯一对外"一口通商"的港口。18世纪中叶，瑞典成为广州贸易伙伴。瑞典东印度公司在成立的第二年，即1732年3月7日就派出了第一艘商船，从哥德堡起航前来广州。自此开始一直到1806年，瑞典东印度公司组织了132次亚洲航行，除3次到印度外，其余的都以广州为目的地。

（二）中瑞国家首脑互访

为了庆祝瑞典"哥德堡"号仿古船重访广州，复航"海上丝路"，欢迎瑞典国王夫妇一行访问广州，南海神庙南广场举行了盛大的祭海大典欢迎仪式，整个大典由400多人组成祭海仪式方阵，极具广府特色的吹打粤乐伴奏，场面蔚为壮观。整个盛典既是岭南海洋文明的传承，更是民俗文化和千年庙会的汇演，充分表达了南粤人民对远方贵宾的热情与祝福。瑞典国王和王后对南海神庙的古老文化和悠久历史赞不绝口，并接受了颇有象征意义的两件礼物：一件是广绣通雕木球红豆如意环，红豆采自南海神庙浴日亭上近300年历史的海红豆树；另一件是一座清代道光年间的南海神之子大安神座。

2007年6月9日，时任国家主席胡锦涛和夫人刘永清出席"哥德堡"号仿古船从广州返航抵港仪式，这也是中瑞建交57年来中国国家元首首次访问瑞典。当日，胡锦涛夫妇同瑞典国王卡尔十六世古斯塔夫和王后西尔维娅乘船来到哥德堡市自由港南码头，刚刚抵达的"哥德堡"号仿古船鸣礼炮21响，向中国贵宾致敬。胡锦涛和瑞典国王等登上仿古船，向参加仪式的2万多中瑞民众挥手致意，两位国家元首都发表了友好致辞。双方一致认为，2006年"哥德堡"号仿古船沿着古老的海上丝绸之路成功复航中国，复航之旅穿越了大半个地球，在中瑞两国人民之间架起了一座新的友谊桥梁，为推动两国商

海上丝绸之路上的瑞典"哥德堡"号

贸、经济、政治、文化、旅游等领域的交流合作搭建了新的平台，圆满完成了传播友谊的光荣使命。

三、瑞典"哥德堡"号：海上丝绸之路上合作友谊和平之舟

瑞典"哥德堡"号仿古船经过10年的精心准备，经过9个多月的海上远航，终于成功复航广州。该仿古船复航广州及其开展的一系列国事、经贸、文化等交流活动，是对中瑞两国几百年来友好交往的特殊纪念，延续了中国和瑞典、广州与哥德堡之间的深情厚谊，是文化之旅、和平之旅、友谊之旅。正如胡锦涛同志在"哥德堡"号仿古船返航抵达哥德堡市的致辞所说，在"哥德堡"号仿古船的复航之旅的推动下，在两国人民共同努力下，中瑞友谊之树必将结出更加丰硕的果实。

（一）海上丝绸之路文化交流平台

中瑞两国人民都具有深厚的海洋情结和悠久的航海文明。260多年来，"哥德堡"号始终与广州、与中国保持着多方面的交流与合作，并且成功演绎了古代海上丝绸之路的不老传奇。"哥德堡"号仿古船前后耗时10年，耗资约3.5亿元人民币，历经9个多月的环球航海后才抵达广州港口。可以说，无论是"哥德堡"号还是"南海神·广州日报"号仿古船，都是航海文明的结晶，是海洋文化的载体。为了迎接"哥德堡"号仿古船的重访，广州实施了一系列海洋文化工程计划，精心打造六个一：一书一片一戏一港一馆一船。一书就是《中国广州：中瑞海上贸易的门户》；一片就是四集电视纪录片《广州与哥德堡：中瑞经贸往来的门户》；一戏就是广州歌舞团演出的大型舞蹈叙事诗《广州往事》；一馆就是清代广州十三行史料陈列馆；一港就是重建当年"哥德堡"号停泊地黄埔古港；一船就是建造一艘中华仿古帆船"南海神·广州日报"号。

广州作为千年不衰的港口码头和海上丝绸之路发祥地，现存很多珍贵的海洋文化遗址或遗迹，如南海神庙、秦代造船台、十三行和粤海关等。今天，在建设海洋强国、维护国家海洋权益的时代召唤下，南粤大地进一步彰显两艘仿古船潜在的海洋文化价值，扩大"哥德堡"号复航的涟漪效应，挖掘21世纪海上丝绸之路品牌形象具有特别重要的现实意义，有助于增强国人的海洋意识，普及海洋文化知识，自觉维护国家海洋权益。

（三）海上丝绸之路经贸往来纽带

"哥德堡"号仿古船可以说是瑞典成功开发历史文化资源、开展经贸文化交流合作的典型范例。"哥德堡"号仿古船复航广州的内涵与外延已经不仅仅是一次环球远航，她已经成为一个品牌、一条纽带、一座桥梁、一名使者。260 多年前的"哥德堡"号给中瑞两国的经贸交流带来了繁荣与兴旺，促进了中瑞文化与商贸合作，双方都从中获得了丰厚的利润与回报。中瑞进出口情况参见图 1 和图 2。

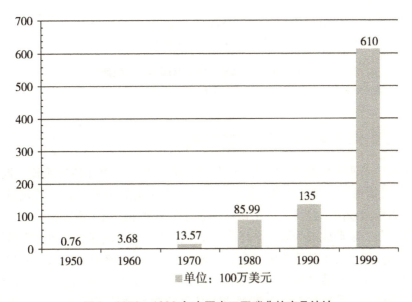

图 1　1950—1999 年中国出口至瑞典的产品统计

资料来源：瑞典贸易委员会编：《瑞中建交五十周年贸易纪念册》，第 31 页。

瑞典人以拥有中国瓷器、茶叶和丝绸为显贵和荣耀，中国的瓷器、茶叶和丝绸则源源不断地运往广州，销售海外，大批进口洋货则以广州为枢纽辐射到全国各地。由于清朝的海禁政策，广州"一口通商"长达 80 多年，赢得了"金山珠海，天子南库"的美誉。广州十三行附近的港口码头，曾经是中外货物的集散地，商船林立，洋人随处可见。"哥德堡"号无疑是这些商船中的一个典型代表。虽然时过境迁，但是"哥德堡"号作为中瑞经贸交流的桥梁纽带作用不但没有削弱，而且是日益凸显。这次"哥德堡"号仿古船复航广州就是最好的明证，有力地推动了中瑞、粤瑞经贸交流合作进入一个全新的发展时期。

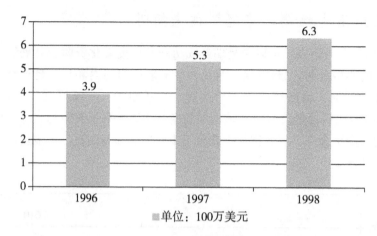

图2　1996—1998年中国从瑞典进口统计

资料来源：瑞典贸易委员会编：《瑞中建交五十周年贸易纪念册》，第31页。

（三）海上丝绸之路友谊桥梁

虽然中瑞两国相距万里之遥，但是两国人民的友好交往源远流长。近300年前，"哥德堡"号商船3次远航广州，既为双方商贸的繁荣做出了积极的贡献，又为两国政治、经济、文化和科技等方面的合作提供了难得的机遇。新中国成立不久，瑞典就成为第一个与我国正式建交的西方国家，双边关系持续稳定、和谐发展。为了延续两国友谊，重现昔日辉煌，瑞典投入巨大的人力、财力和物力，全力打造"哥德堡"号仿古船，国王古斯塔夫亲自担任"哥德堡"号仿古船建造项目监护人。在2005年故宫博物院80周年院庆之际，由瑞典沃尔沃公司与中国北京故宫博物院共同举办了"世纪典藏　情归华夏——瑞典藏中国陶瓷展"，展示了大量自18世纪以来通过中瑞海上贸易流传至瑞典的精美陶瓷，包括从"哥德堡"号沉船上打捞出来的中国瓷器、茶叶、香料等珍贵文物，再现了中瑞两国人民友好交往的悠久历史。

"哥德堡"号仿古船复航广州，是一次汇集海洋文化、对外商贸、国际交往和商业运作的友谊之旅，也是21世纪海上丝绸之路文化的复兴之旅。以此为契机，瑞典国王夫妇亲临广州庆祝"哥德堡"号仿古船的成功重访；同时，我国国家元首在中瑞建交57年后对瑞典首次访问，进一步增强了双边政治互信，推动了中瑞双边关系不断迈上新台阶。瑞典"哥德堡"号仿古船复航广州，再次谱写了中瑞两国博大精深的海洋文明，充分表明了中瑞两国人民对航海文化的热衷与敬仰。

参考文献

[1] 顾涧清，吴东峰．中瑞友谊奇葩：广州与"哥德堡号"——"哥德堡号"访问广州全纪录．广州：世界图书出版广东有限公司，2012．

[2] 禹文．哥德堡号再生记．沈阳：万卷出版公司，2005．

[3] 黄淼章，闫晓青．南海神庙与波罗诞．广州：暨南大学出版社，2011．

[4] 朱小丹．中国广州——中瑞海上贸易的门户．广州：广州出版社，2002．

[4] http://gzdaily.dayoo.com/html．

21 世纪海上丝绸之路与广州城市发展

李 翔

(广州航海学院 港口与航运管理系)

一、广州城市发展与海上丝绸之路的渊源

(一) 21 世纪海上丝绸之路的提出

2013 年 10 月,习近平总书记在出席亚太经济合作组织 (APEC) 领导人非正式会议期间,在印度尼西亚国会发表演讲时提出中国愿同东盟国家加强海上合作,共同建设 21 世纪海上丝绸之路的倡议。党的十八届三中全会提出推进海上丝绸之路建设,形成全方位开放新格局的战略部署。这是国家高层领导人应对全球和亚太战略格局新变化,统筹国内国际两个大局,着眼培育我国参与国际经济合作竞争新优势的一个重大战略决策。作为全国对外开放的一个窗口,广州是面向东盟、面向北部湾地区、面向南海的区域性中心城市,要紧紧抓住国家建设 21 世纪海上丝绸之路的重要契机,积极发挥优势,全面参与 21 世纪海上丝绸之路建设,抢占新一轮对外合作发展的制高点,提升广州航海文化与经济发展水平。

(二) 海上丝绸之路是广州城市发展的一个原动力

中国有着悠久的海运史,早在秦汉时期就开辟了海外贸易的丝绸之路。《史记·货殖列传》《汉书·地理志》的记载以及南越王墓出土的文物中很多都是来自海外而不是当地出产的商品,像非洲的象牙、东南亚的铜熏炉和乳香等。这些都表明广州自古代就已经和海外发生了商业贸易的往来,至宋元时期达到了顶峰。"宋朝期间,中国人在造船业和航海业上取得巨大进步,12 世纪末,开始取代穆斯林在东亚和东南亚的海上优势。蒙古人征服中国,建立元朝后,中国的船只体积最大,装备最佳;中国商人遍布东南亚及印度各港口。"明朝郑和七下西洋则显示了中国强大的海上实力。

《唐书·地理志》记载"广州通海夷道",这实际上是对海上交通线在那

个时代的一种称谓。从广州出发的海上丝绸之路，延伸至南海周边，再经阿拉伯海，差不多一直到了非洲东岸，跟印度洋周边很多国家和地区都有商贸往来。

（三）海上丝绸之路为广州城市发展提供了重要途径和机遇

当前，我国已是世界第二大经济体，在新起点上科学谋划经济发展，对促进经济持续健康发展十分重要。广州是中国经济最发达的地区之一，有着悠久的航运历史和深厚的航运文化。由于其发达的经济基础和位于珠江入海口的优良的区位优势，以及建设国际港口中心和自由贸易实验区的背景，广州可以而且应该在21世纪海上丝绸之路中发挥重要的作用。

二、广州参与21世纪海上丝绸之路建设的优势

广东作为海上丝绸之路最早的发祥地之一，是海上丝绸之路历史最长、港口最多、航线最广的大省，与海上丝绸之路沿线国家经贸往来非常密切，在21世纪海上丝绸之路建设当中具有不可替代的独特优势。

（一）得天独厚的区位优势

广东连接港澳、临近东盟，位于亚太经济的核心位置。广东省拥有多个海上航道和众多港口，海岸线占全国海岸线的1/3以上，长度居全国第一位。广州拥有通往东南亚、中亚、中东、非洲等国家的最短航线，便捷的交通运输支撑了广州与这些国家的经贸往来，具有海上丝绸之路沿线其他地区不可比拟的海陆交通便利优势。广州的南沙港、黄埔港等主要港口已经成为东盟国家的主要贸易港口。2013年，广州港与东盟各港口进出集装箱量超过61万国际标准箱，经广州港进出口东盟国家的货物吞吐量呈加快增长趋势。这都表明广州具备参与21世纪海上丝绸之路建设得天独厚的地理优势。作为连接东盟和东南亚的重要门户，广州拥有全球通货能力最大、水深条件最好的区域性港口群之一，拥有以白云国际机场为中心的航空港，是连接世界各地的重要口岸和国际航空枢纽。

（二）实力雄厚的经济优势

广州是领先全国的4个一线城市之一，国民经济生产总值长期稳居全国前列，海洋经济总量连续19年居全国前列。自1979年创办广交会以来，已经举

办 115 届，出口成交累计超过 1 万亿美元。近年来，广州与海上丝绸之路沿线国家之间的经贸合作日益密切。广州市经济总量连续多年居全省首位，资本雄厚，各项基础设施较完善，外向经济辐射能力强。广州作为领先全国的现代化高新科技城市，已形成电子信息、电气机械、汽车、石化、轻纺等为主，各具特色、优势明显的产业为辅的发展格局。2015 年，广州南沙自贸区的落成，极大地促进了广州与丝绸之路沿线部分国家的产业互补，为广州市产业转型升级提供了市场和空间。

（三）众多的知识科技人才

大力提高航海发展的科技含量，增强科技创新实力，是广东省在 21 世纪海上丝绸之路建设中取得积极主动地位的保证。广州拥有多所教育部直属重点高校和一所海事院校（广州航海学院），政府部门对高校航海文化以及科技研发的投入也不断加大，逐步建立与丝绸之路经济发展对应的科研机构，优化海洋产业布局，推动海洋产业升级转型。广州拥有丰富的海洋资源，加大发展相应的海洋产业，对高新技术区加大提供科技上的支持，在进一步推动海洋产业发展的同时，提高自身海洋科技的发展水平。近年来，越来越多的"海归"高科技人才被吸引到广州，这有利于广州制订发展丝绸之路经济的人才培养计划。通过高校、企业和科研机构合作，为协同培养全面发展的人才提供了重要的人才数据库，也有助于构建发展丝绸之路经济的产学研结合新格局；同时，也有利于制定更有吸引力的人才政策，大力吸引国内外高端人才到广州来。

三、广州城市发展更好推进 21 世纪海上丝绸之路建设的对策

（一）强化主动意识，积极谋划参与建设的总体战略研究

建设 21 世纪海上丝绸之路，为广州新一轮改革发展带来了新的重要机遇，提供了更大的舞台。广州要充分认识到这一难得的历史发展机遇，主动参与，寻求推动广州经济社会和城市建设跨越式发展的新动力。21 世纪海上丝绸之路作为一个全新的发展理念，涉及政治、外交、经济、社会等众多方面，对于如何建设、怎么建设、突破口在哪里、参与省份有哪些等问题还仍然处于探讨阶段。因此，广州要强化前瞻意识，充分利用省内外研究力量，将广州的发展与建设 21 世纪海上丝绸之路有机结合起来，定好位、谋好路，从经济发展、文化交流、改革开放等不同视角，加大研究力度，充实理论研究和宏观战略思

考。启动编制广州参与 21 世纪海上丝绸之路建设的战略规划，为后续更好、更快地融入 21 世纪海上丝绸之路建设打下坚实的基础。

（二）完善服务体系，全力打造合作共赢的良好投资环境，积极围绕"走出去"的发展战略，培育和建立具有广州特色的海上丝绸之路配套服务体系

大力培育为"走出去"服务的海洋信息咨询、海洋人才培训、海洋风险防范、海洋金融支撑，以及外汇管理、外事服务等全方位国际化服务业。加快推动成立 21 世纪海上丝绸之路建设的商业银行。按照利用好国际国内"两个市场""两种资源"的要求，积极打造投资便利化制度环境，尽快建立"负面清单"投资管理制度，拓展跨境服务贸易，为积极、有序、稳妥地扩大开放领域提供制度保障；继续全力办好中国海洋经济博览会，充分展示广州建设海洋强市的广阔前景；完善合作机制，争取获得更多围绕 21 世纪海上丝绸之路建设的优惠政策，以扩大对外开放和合作机制创新为重点，向上争取政策，向下倒逼改革，充分发挥广东"先行先试"的改革开放先行优势，争取国家给予广州在航运、旅游、贸易、金融、信息等领域更多的优惠政策和资金支持。争取贸易物流政策支持，建设广州保税港和自由贸易区；深化金融保险领域创新，推动发展外贸电商和人民币跨境融资业务试点，加大出口信用保险支持；发挥广州人才优势，推动形成国际人才交流、培训与合作机制等；发挥区位和文化优势，与更多沿线国家（地区）建立战略合作伙伴关系，深化交流合作。

（三）发挥对港澳优势，推动港澳地区参与海上丝绸之路建设

吸引港澳借道广州拓展东盟市场。自中国－东盟自贸区正式启动后，大陆与东南亚国家间的产品进入零关税时代，而港澳地区产品出口到东盟自由贸易区则要承担一定的平均关税，这意味着将有更多港澳企业需要向大陆转移生产基地，寻求转口东盟的跳板，避免边缘化危机。粤港澳合作一直是国家发展的重点战略，近年来，CEPA 新协议签订、广东自贸试验区正式运行等多个利好消息不断，粤港澳正逐渐走向深度合作的层面。数据显示，2012 年至 2014 年间，粤港服务贸易年均增长达到 20%。2013 年，广东与港澳实现服务贸易进出口额 789.36 亿美元，其中与香港服务贸易进出口 777.67 亿美元，同比增长 40.23%，增速远超同期全国服务贸易 14.7% 的增长率。广州应充分利用粤港澳特殊关系优势，加快广州自贸区建设，抓好广州深化港澳地区交流合作综合配套改革试验，加强广州与港澳产业深度对接，积极推动重点合作项目和政策

的实施；以保税港区、出口加工区为载体，重点吸引港澳产品在广州加工增值后再出口到东南亚；充分发挥现有对港澳政策效用，深化粤港澳经贸合作。

参考文献

[1] 李芹，林润惠，谭辉平. 广东发展生活产业的区位优势分析 [J]. 商场现代化，2008 (16)：268.

[2] 李均. 广东加强与海上丝绸之路国家互联互通建设的探索与思考 [J]. 探求，2014 (4)：84-90.

[3] 赵壮天，雷小华. 中国与东盟互联互通建设及对南亚合作的启示 [J]. 学术论坛，2013，(7).

[4] 黄启臣. 海上丝路与广东古港 [M]. 香港：中国评论学术出版社，2006.

海上丝绸之路上的广彩

张晓鸣

(广州航海学院 航海文化研究中心)

广彩,亦称"广东彩""广州彩瓷"或"广州织金彩瓷",是清代出现的釉上彩绘瓷器品种。广彩始于清代康雍之间,盛于乾嘉两朝,终清一代绵延不绝,流传至今。作为最主要的外销瓷品种之一,广彩集中西经贸交往的物质实体和中西文化交往的精神意象于一身,见证了中西交往过程中的双向互动模式,为古代海上丝绸之路续写了最后的辉煌。

一、广彩与中西经贸交往

中西经贸交往由来已久,在古代海上丝绸之路发展史上,瓷器同丝绸、茶叶一道,是中西贸易的大宗货品。从宋元时期开始,伴随着制瓷业的繁盛,瓷器的输出更是日渐增多。由于瓷器重,且易碎,选择以海路形式输出显然更为可靠,一来海路比陆路运输量大,不易破损;二来,沉重的瓷器可作为商船的压舱货品,既可防止满载丝绸、茶叶的船舶由于重量轻、吃水浅而倾覆,又可趁机赚取丰厚利润,可谓一举两得。因此,瓷器被源源不断地从海上丝绸之路销往海外,广彩便是其中的一个品类。

明朝海禁政策使瓷器输出受到巨大影响,及至清康熙二十三年(1684年)解除海禁,次年设江、浙、闽、粤四海关作为管理海外贸易的机构及对外开放的四处口岸。海禁的结束使外国来华贸易的商船日益增多。"西洋重华瓷",西方社会对装饰有精美绘画的中国瓷器的热衷上达王室贵族,下至普通民众。17～18世纪,欧洲的贵族宅邸中常有中国瓷器的装饰,日用品中也不乏瓷器的身影,是否拥有精美的中国瓷器甚至成为衡量一个贵族财富地位和生活品位的标准之一。宫廷中收藏中国瓷器更是屡见不鲜,法国国王路易十四在凡尔赛宫内修建了托里阿诺宫(Trianon),专用于陈列中国青花瓷,其继任者路易十五的宠姬蓬帕杜夫人及路易十六的王后玛丽·安托瓦内特更是中国瓷器的狂热爱好者。除法国外,英国女王玛丽二世也是一位中国瓷器鉴赏家。据美国旅行家迪弗(Defoe)在其于1724年出版的回忆录中所写:"玛丽女王习惯于在宫廷中摆设大量的中国瓷器,可以看到,在橱柜和家具的顶上也放着陈列中国瓷器的架子。"此外，萨克森王国、西班牙王国以及意大利等国王宫里都收藏有数量众多的瓷器，甚至有些君主死后以瓷器陪葬。

在西方世界对中国瓷器的狂热膜拜之下，康熙帝的开海贸易之举无疑极大地刺激了西方各国商船来华贸易，而随着新航路的开辟，此时中西之间已经不需要中转商，直接贸易的模式形成。在这种直接贸易模式之下，广彩应运而生。海禁初开，广州得贸易之便，来粤采购瓷器的商船络绎不绝，起初，外销的成品瓷多由景德镇贩运而来，由于路途遥远、艰险，难免有破损，且有些定制瓷器由于沟通不畅，造成成品上写错外文字母、画错纹样而遭到西方订货商的责难。为了更加直接、高效地进行贸易，广州商人开始从景德镇购进半成品——白瓷胎，运抵广州之后，再依照订货商要求及喜好进行加彩、烧制，从而诞生了广彩这一专供外销的瓷器品种。清康熙至嘉庆年间，是广彩从产生到盛行的辉煌时期，据《景德镇陶录》所载："洋器，专售外洋者，有滑洋器、泥洋器之分。商多粤人，贩与鬼子互市，式多奇巧，岁无定样。"广彩器形繁多、纹饰丰富，加之可以来样定制，因此在欧洲供不应求。当时在英国伦敦把专门为私人定制特殊纹样的瓷器代理商称为"瓷人"，"瓷人"在乾隆中期大约有50人。

整个18世纪，广彩盛行欧洲，广彩的外销体现出当时中西经贸交往的一些新特征。首先，不同于以往的外销品，广彩创立了来样定制的加工模式。以往的外销品并未区分与内销品的差别，通常二者在器形及装饰风格上并没有不同，只能以销往国内或国外作为判断是否外销品的依据。尽管明代的青花瓷曾出现过按外商要求定制的情况，但此种商品实属少数，且属走私性质，根本无法普及。广彩由于其自身专供外销的市场定位，为迎合外商的喜好与要求，根据其提供的纹样、器形及数量进行生产几乎是必然的。从乾隆时期开始，广彩进入了按订单加工出口的时代，先下订单后生产的模式已成为广彩贸易的常规做法。其次，为保证广彩的质量和瓷庄经营的有利可图，广彩的生产和贸易有专业组织的约束和管理。乾隆四十三年（1778年），广彩行会组织"灵思堂"成立。这一组织通过控制入行人数，统一加工价格和规定行内专工各司其职、互不逾越等手段，避免了同行间互相倾轧，维护了行业内部的稳定，从而保证了广彩的生产工艺，为中西贸易提供了高质量的商品。另外，在灵思堂基础之上，为进一步防止瓷庄之间互挖墙脚，争抢订单，压低价格，瓷庄作坊主们联合起来，成立了承彩堂。承彩堂一方面向外接洋行的订单，另一方面对内统一工价，规定工艺等级、质量，由于承彩堂的成员本就加入了灵思堂，因此其也可看作是灵思堂的附属机构。此两个机构的成立和所发挥的作用，使得广彩质量得到保证，贸易环境清晰透明，带动广彩行业发展的同时，也促进了海上丝绸之路的繁盛。

二、广彩与中西文化交往

广彩为满足西方世界对中国瓷器的需求而生，其不仅是商贸品，更是中西文化交往的物质载体和精神意象的具体体现。为迎合西方人的实用要求和审美情趣，广彩在器形、颜色、纹饰及整体艺术风格方面都与以往的中国外销瓷决然不同，成为集中国特质与西洋元素于一身的精品。

器形方面，由于中国人与西方人生活方式的不同，日用品的种类和器形也不尽相同，输入西方的瓷器并不一定能满足他们的实用要求，将花瓶当作水罐使用的现象也时有发生。与此同时，西方社会一直流传着一个神话，那就是用中国瓷器当餐具可以验毒，即如果装在瓷器里的食物是有毒的，瓷器便会自动碎裂。这种传说加之贵族们以拥有中国瓷器为荣的心理，再结合广彩可以来样定制的特点，广彩在器形上便有了很多创新。如图1、图2所示的潘趣碗（punch bowl）和隔盘便是极具代表性的西式餐具。图1的潘趣碗是西方人用以调制鸡尾酒或果酒的大碗，图2的隔盘是西餐中用于盛主菜（肉类）的大盘，盘沿与盘腹之间嵌带孔隔漏层，用于过滤酱汁。此外，广彩还烧制出奶杯、盐碟、马克杯、茶匙盘等西式餐具以及其他一些日用器具，以满足西方人的使用习惯。

图1　广彩锦地开光洋人狩猎图潘趣碗
（清·乾隆　广东省博物馆藏）

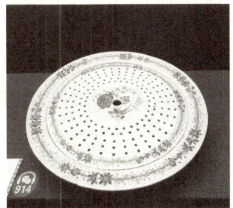

图2　广彩花卉纹隔盘
（清·乾隆　广东省博物馆藏）

颜色方面，作为彩瓷的一种，广彩以金碧辉煌、绚丽多彩的视觉感受著称。不同于以往中国瓷器色调的素雅，广彩呈现出一种强烈的世俗的多彩审美观。这一审美观与古典中国风雅、素静的风格大相径庭，倒是与西方崇尚多彩追求视觉冲击力的喜好不谋而合。广彩所用的颜料最早出自明代三彩、五彩，后欧洲珐琅彩传入中国，广彩艺人将珐琅彩配合其他颜料，经过不断探索，调制出丰富的颜色，形成了广彩独特的色彩风格。

纹饰方面，广彩以其鲜明的西式图案而别具一格。广彩的纹饰大致可分为花卉纹、风景纹、人物纹、徽章纹及宗教故事类等图样，其中，花卉纹、风景纹和人物纹为中、西式兼有，而徽章纹和宗教故事类纹饰则为西式独有。在花卉纹中，既有中国的花卉，如牡丹花、菊花等，也有西方的花卉，如郁金香、橄榄枝等；风景纹中，经常会出现中式的山水画和西式的田园风光。另外，广州十三行及港口前各国商馆林立的盛况也经常出现在广彩瓷器上。值得注意的是，人物纹中有一种中式的"满大人"图样特别受当时西方人的青睐（如图3）。"满大人"一词来源于英文单词"mandarin"的音译，是欧洲最早进入中国的葡萄牙人对中国官员的称谓，出现于明代晚期，此后西方人均沿用了这一称谓，它与清代统治阶层满族之间并无任何联系。广彩瓷器上的"满大人"图案为清装人物，多表现为中国传统庭院中的合家欢场景。此图样主要流行于雍正至嘉庆年间，道光以后式微。另外，西式的人物图样在广彩瓷器上也非常常见，有些表现的是西方人的生活场景（如图4），有些则是出于订货者的要求直接绘上主人的肖像（如图5，咖啡杯上的人物为荷兰人 Willem Van Haven，纹饰上一圈文字表明他的身份为 Het Bildt 市长，Friesland 省议会代表）；徽章纹是广彩西式风情最具代表性的特征。徽章发源于欧洲中世纪，最早是佩戴或描绘在盾牌上的图案符号，以便交战双方能够从远处识别对方身份，后徽章逐步演变为世袭的、代表身份和地位的标识。欧洲各国王室或贵族均有自己独一无二的徽章，为了彰显家族荣耀，他们将本族徽章烧制于定制的瓷器上，作为

图3 广彩人物故事图纹海棠形盘（清·乾隆 广东省博物馆藏）　　图4 广彩西洋人物秋收图果酒壶（清·乾隆 广东省博物馆藏）　　图5 墨彩描金人物肖像图纹咖啡杯（清·乾隆 广东省博物馆藏）

自己独有的标志。另外，一些外国公司、机构或军队也会将自己的徽章绘于广彩瓷器之上。如图6所示便是明显的徽章纹广彩；宗教故事类纹饰表现为西方宗教、神话传说的图案（如图7）。耶稣系列的内容，如"耶稣降生""耶稣受洗""耶稣受难""耶稣复活""耶稣升天"等经常出现在西方宗教画中的题材也成为广彩瓷器常见的纹饰。

图6 广彩"Rose"家族纹章纹盘　　　　**图7 广彩墨彩描金耶稣受难图盘**
（清·雍正　广东省博物馆藏）　　　　　　　（清·乾隆　广东省博物馆藏）

整体艺术风格方面，广彩既继承了中国瓷器一贯的细腻、精美，又融合了西方的绘画技巧和表现形式，特别是与当时风行欧洲的"洛可可"艺术相结合，既成就了广彩的绚丽辉煌，也进一步推动了"洛可可"艺术在欧洲的发展。"洛可可"（Rococo）一词由法语洛克"Rocaille"与意大利语巴洛克（Barocco）合并而来，作为一种艺术风潮，其基本特征是连绵的叶形花纹，大量使用卷曲的"C"形和"S"形曲线，以及藤蔓、贝壳或其他自然物体的线条作为装饰。"洛可可"那种无处不在的曲线趣味与中国瓷器装饰艺术自然融合，在广彩瓷器的花卉纹饰中体现得淋漓尽致（如图6、图7所示）。广彩给了"洛可可"艺术广阔的施展空间，并以其在欧洲的热销推动了"洛可可"艺术走向高峰。在绘画技法方面，广彩既延续了中国传统绘画的笔法，又更多地借鉴了西方版画、油画及素描的画法，厚重的色彩、明快的色调、写实的笔法、透视法的运用及阴暗层次的对比，使其在整体艺术风格上中西合璧、独树一帜。

透过器形、颜色、纹饰及整体艺术风格这些表象上的西洋元素，进一步考察广彩作为中西文化交往的物质载体，不难看出，广彩最初是以中国特色的文化标本受到西方世界的追捧，而后由于来样定制的鼓励，西方文化通过参与广彩创作而与中国文化紧密结合在一起。"满大人"纹饰之所以畅销欧洲，与其体现的合家欢场景基本符合西方人对中国社会富足、家庭生活闲适的想象不无关系，同时也体现了西方社会急切想要了解中国的愿望。西方世界的多彩观与"洛可可"艺术在广彩瓷器上的大放异彩，也引发了中国瓷器艺术史上一次重大突破，广彩明艳世俗又细腻精致的风格与当时西方社会追求活泼轻快、精巧华丽的风潮相适应，从而实现了广彩作为中西文化交往精神意象的具体体现。

三、结语

广彩是在特定历史背景下产生的一个外销瓷品种，其从初创到走向辉煌的发展历程见证了海上丝绸之路上中西经贸交往与文化交往的双向互动。清初海禁初开，海上丝绸之路的复通为中西交往提供了最关键的必要条件，中西经贸的繁盛在西方社会引发了"中国热"，这股"中国热"又反向影响了销往西方的商贸品，使之出现明显西化的特征，此种相互影响、双向互动的交往模式便是广彩发展历程的真实写照。经贸交往无疑会附带引发文化交往，广彩一方面因其与生俱来的中国特质而吸引追逐中国趣味的西方人，另一方面又积极融入西洋元素以迎合西方品味，由此使其成为中西文化交流、互动的载体，兼容了中西文化的内涵，为中国陶瓷史增添了亮丽的一笔，也为古代海上丝绸之路续写了最后的辉煌。

参考文献

[1] 朱培初. 明清陶瓷和世界文化的交流 [M]. 北京：轻工业出版社，1984.

[2] 陈玲玲. 广彩——远去的美丽 [M]. 北京：九州出版社，2007.

[3] 邹丽娜. 中国瓷文化 [M]. 北京：时事出版社，2007.

[4] 曾应枫，李焕真. 织金彩瓷——广彩工艺 [M]. 广州：广东教育出版社，2013.

[5] 江西省博物馆. 绚丽华彩——广东省博物馆藏广彩瓷器精品展 [M]. 上海：上海锦绣文章出版社，2012.

广州市南沙一中海洋文化教育探索

邓 斌　陈宏锋

（广州市南沙一中）

海洋以其广阔的立体空间、丰富的自然资源、开放的国际通道、无限的探索潜力，日益成为人类生存与发展的宝贵财富和战略空间。如果说人类以前的历史是属于内陆的，那 21 世纪注定是海洋世纪，一个民族、一个国家对海洋开发、利用的程度，对海洋权益争取和维护的力度，直接影响着这个国家的强弱和民族的兴衰。

当前，国家提出海洋强国战略，着意增强国民的海权、海防等海洋意识，普及海洋知识。党的十八大报告明确指出："提高海洋资源开发能力，发展海洋经济，保护海洋生态环境，坚决维护国家海洋权益，建设海洋强国。"十八届三中全会审议通过的《中共中央关于全面深化改革若干重大问题的决定》提出，推进丝绸之路经济带、海上丝绸之路建设，形成全方位开放新格局。2014 年 5 月 21 日，习近平在亚信峰会上做主旨发言时指出：中国将同各国一道，加快推进"丝绸之路经济带"和"21 世纪海上丝绸之路"的建设。

位于南海之滨的南沙，正是历代受海洋的恩惠才有今天的发展，它的子孙感恩于海洋，作为南沙新区教育航空母舰的广州市南沙一中把目光投向海洋。学校面向大海的地理环境和教育国际化的新标准激发我们提出把"海洋文化"作为学校特色文化。

学校以海洋"宽厚、坚毅、拼搏、进取、创新、敢为"等特质形成博大而浑厚的文化底蕴，以文化熏陶学生，以精神感染学生；以这些特质，促使教师形成工作、生活所需的品质，给学生言传与身教；以这些特质，激励学生在学习、生活、活动中胸怀像大海一样宽广，心灵像大海一样坚韧，知识像大海一样渊博，创新像大海一样涌动，形成鲜明的个性品质。

一、确立特色鲜明的办学理念

学校的办学理念、育人目标和一中精神都与海洋密切相关：
办学理念：博采、融汇、厚积、创新。
育人目标：培养宽厚、广博、创新、敢为的现代君子。

一中精神：海纳百川、自强不息。

学校环境布置紧紧围绕海洋这一主题展开。学校教学建筑群呈环形，教师办公楼为德正楼，意在鼓励全体教师要修身立德，身正为范。德正楼与教学楼之间由一片荷花塘连接，其寓意为"水让一中师生紧密相连，水滋养了一中师生"。

德政楼门厅和走廊布置以海洋为主题，门口题匾为"海纳百川"，以鼓励学生学习海洋的包容、开放、坦荡、宽厚。在门厅，我们陈列出"辽宁号""广州号"等七条严格按比例纯手工打造的金属船模，让南沙一中的学生能近距离学习和了解一些具有代表性的现代化船舶的外观、功能、任务等知识。以后，学校还将根据规划进一步增加船模的种类，建设专门的体验室，丰富学生的课余生活，扩大学生的知识面。

在集贤广场周围坐落有四座雕塑——启航、舵手、纸船、海的奥秘，以向学生展示海洋的宁静、奋进和奥秘，激发学生探索海洋的兴趣。

二、筹备建立海洋文化专用功能场所

筹备建立海洋文化专用功能场所：

（1）展览室——主要为营造海洋文化氛围，了解海洋文化知识，提高学生对海洋文化的兴趣。展览室以图片、文字展示为主，内容分为以下三部分：船舶文明、现代航海技术的发展、南海海防与海权。

（2）体验室——目的是让师生体验海洋活动、感受海洋魅力。本功能场所以实物、模型、视频展示为主，包括船模展示、实物展示、视频体验、动手体验、海难救助体验等。

（3）设计室——利用计算机，学生可以动手设计船、游艇、海上劳动工具等。

（4）制作室——学生可以动手制作船模、贝壳工艺品等。

（5）海洋科学实验室——学生可以动手做一些简单的海洋科学实验，如海水淡化、海水成分测量、海水质量检测、海洋生物培育、海洋生物细胞观察等。

（6）航海模拟室——航海的真实模拟，具有世界各大海港港口的模拟，模拟在各种海域环境下航行的体验，感受海洋的魅力。

（7）科技创新室——为有兴趣的学生提供活动场所，使他们自主完成科技创新作品，培养其科技创新能力。

三、开设"海魂育新"特色课程

"海魂育新"特色课程面对我校全体学生,以普修班和专修班的形式,着重以大海的灵魂精神来培养具有创新能力的新型人才。课程的开设将坚持新课程改革提出的基本理念,并根据特色课程与我校的实际情况着重强调以下四个方面。

(一)以学生为根本,着眼于学生的长远发展

"海魂育新"课程的开设以学生的发展为根本,以海洋的优秀品质对学生进行熏陶,使学生具有博大、宽广的心胸,更具有创新等优秀品质。从而让学生不仅在学校能有较好的发展,也为今后的长远发展打下良好的基础。

(二)以学生为课程实施的主体,充分发挥学生在课程建设的自主性

"海魂育新"课程的实施主体是学生,教师主要起引导的作用。学生在课程的实施过程中不断发挥自己主人翁的精神,从而培养自己的学习自主性,不断增强自己的学习能力。

(三)以活动为载体,通过各种活动课程及课程活动来提高学生的素养

"海魂育新"课程的开设主要是以学生的活动为主,通过各种活动课程及课程活动让学生在活动中学,并让他们在活动中完成课程目标。

(四)师生携手共同进步

"海魂育新"课程的开设着重在于用特色文化来熏陶和培养学生。但我校作为一所新区中的新校,与百年名校相比各方面的差距还很大。这就要求我们南沙一中人,特别是我们的老师更应该有紧迫感。在面对前有强敌、后有追兵的处境时,能以大海的优良品质,创新教学方法,从而使南沙一中能更上一层楼。

在校本课程的开设过程中,不断尝试探索,通过教师研讨、学生调查等方式了解校本课程开设过程中出现的问题,总结经验,以分类指导的方法重新整合课程资源,将特色课程分为德育板块和智育板块两大部分,在每一部分下面分设不同的模块。

德育板块针对高一、高二、高三年级学生的特点，并结合海洋精神的特点组织一系列德育活动，将海洋精神渗透于全系列教育之中，打造德育工作的新特色，分设三大模块：

模块一　以宽博、坚毅之魂扬帆启航——扬帆教育。

模块二　以拼搏、进取之魂勇济沧海——拼搏教育。

模块三　以创新、敢为之魂傲立潮头——立潮教育。

智育板块下面分设三大模块：

模块一　"走进海洋"——对学生进行海洋文化教育，引导学生走进海洋，体验海洋悠久的历史、博大的胸襟、丰富的资源和重要的战略地位。向学生普及海洋知识，培养学生对海洋的兴趣，增强学生的海防海权意识、海洋环保意识，引导更多有潜能的青少年立志投身于祖国的海洋事业。

模块二　"海边蕉叶"——引导学生了解南沙、了解家乡，感受南沙厚重而又充满活力的独特魅力，并对南沙的美好前景充满憧憬。同时体验岭南文化和广府文化的深厚底蕴。从了解、熟悉中热爱南沙，热爱广州，热爱我们的祖国，从而增强民族自豪感和历史责任感。

模块三　"依海创新"——海洋有着悠久的历史，哺育了一代又一代的儿女。但各代的儿女和海的交往方式又有不同，体现出一种创新。作为身处国家改革前沿南沙的一所中学，创新是我们学校发展的动力，是我们的生命。本模块主要是"以海的品质引领学生创新心理的发展，开展与海有关的活动，提高学生的创新能力"。主要是通过学生的各种活动，动手实践，培养学生科技创新精神和创新能力，从而提高其竞争能力。

总之，通过以上种种在南沙一中开展海洋文化教育实践活动的探索，我们深深认识到海洋文化教育的重要性和必要性。学生对海洋有着浓厚的兴趣，以海洋为径，激发学生钻研创新的积极性，为他们提供激发潜能的平台，让学校真正成为人才成长的沃土。

南海神与海商

高乔子

(广州航海学院 港口与航运管理系)

海商,指依托海而展开贸易的商人。广州濒临南海,是两千多年来的国际贸易大都市,主要依赖进出口贸易,聚集了众多的海商。中外海商因企冀顺风顺水,贸易兴隆,航运通达,于是祭拜国家祭祀重地的南海神庙,求得心灵的慰藉。

一、南海神对蕃客海商的庇护

南海神庙自隋朝设立以来,其对江山社稷的稳固,对辖地领土的拱卫,对自然江海的统领,对民众心理的归聚,就开始起到至关重要的作用。

随着唐代海外贸易的繁荣及其在国家经济社会中所占比重的加强,对南海神祭祀的规格也得以提高,如在唐朝南海神首次封王,即广利王,取广招财利、广取货利之义。可见此时广州已成为唐朝重要的海外贸易繁华之地、中外客商云集之所。从张九龄以皇帝特派中央专使身份祭祀南海神开始,在唐朝就有 10 次之多,显示了朝廷对南海神国家祭祀的重视程度。广州的地方官员特定每年一度立夏日祭祀南海神,仪式隆重而庄严。无论风和日丽还是风高浪急,都不得有误,严格奉行。再有,唐朝首设航海贸易管理机构,南海神庙成为国之重器场所显而易见,足以说明南海神不是一般的神明,而是具有隐形的国家护卫之能力和能量。

南海神庙所在地的扶胥镇在珠江口北,黄木之湾,是停泊船只的港口,是货物的中转之地,是海商的歇息之所。来来往往进行贸易的海船体积大,航行于海上时刻伴随着难以预料的危险,既有来自于人间的邪恶力量,如杀人越货的海盗,也有来自于自然界的摧毁力量,如凶猛无比的海啸。所以在进港或者回航时,人们格外希望得到南海神的庇佑。

南海神具有海洋般宽阔的胸怀,亦有海纳百川的气魄。在南海神辅臣的六侯中,有两人是异邦人,一个是大名鼎鼎的助利侯达奚司空,再一个是顺应侯巡海蒲提点使。在宋朝时,随着海外贸易的进一步繁荣,对南海神的崇拜也愈加热络,皇帝不仅给南海神夫人加了"明顺夫人"的封号,后又提升为"显仁妃",给南海神的长子、次子分别封为辅灵侯、赞宁侯。地方上补上四侯,最后形成南海神辅臣六侯,而这六侯中有二侯即为异邦人。

助利侯达奚司空,相传是古波罗国来华贡使,到南海神庙游览时,把从国内带来的两颗菠萝树种子种在了庙里,他游览风景时忘记了归时,误了上船时间,最后举手望海,凝视远方的海船。人们在他离世后,将他举手瞭望远方海船的样子立起塑像,给他穿上中国的官服,封其为达奚司空,后又封其为助利侯。从其封号助利侯来看,主要是帮助进行海外贸易的蕃客海商取得利益的,反映出来自印度的海商的内心企盼,这使南海神庙由一座完全的中国皇家祭祀神庙逐渐演变成与贸易的蕃客海商拉近心理距离的神庙。在我国的文献中,关于达奚司空保佑蕃客商贾的记载有较为详细的记载。如宋朝许得已《南海神达奚司空记》中写道:"海外诸国贾胡,岁具大舶,赍重货,涉巨浸以输中国",由于海上天气瞬息万变,"顷刻乘以烈风雷雨之变,舟人危惧,愿无须臾死,以号于(达奚)神,其声未乾,倏已晴霁,舟行万里如过席上,人知王赐,击于神之辅赞,盖如此,故祷谢不绝",这是文献提到的达奚司空辅佐南海神庇佑保护蕃客海商化险为夷的事迹。可见,达奚司空是蕃客海商崇拜的带有胡化印记的域外海神。久而久之,达奚司空所种的菠萝树根深叶茂,硕果累累,成为南海神庙的一种标志,南海神庙在民间称为波罗庙,庙前的江称为波罗江,南海神诞称为波罗诞。历代人文骚客也留下许多歌咏达奚司空的诗作。

顺应侯巡海蒲提点使,大概是阿拉伯人。早在唐朝时,广州城里就专门辟地设立蕃坊,供在广州经商的阿拉伯人居住。蕃坊处理内部蕃客事务的设有蕃长或蕃酋。蒲姓是蕃坊里阿拉伯姓"阿卜""阿蒲"的简称。阿拉伯商人在中国去世,最终立于中国神庙,化作巡海神灵,保佑航海平安,更是海外贸易和顺的反映。

南海神成为中国民众和蕃客海商共同信奉的神明,蕃客海商、船员也都祈佑航行顺利、贸易兴旺、财源滚滚。南海神的信仰随着中外贸易交往的日益频繁,也逐渐为蕃客海商所接受,并且在接受的过程中,更加入了自己熟悉的同族人,心理上更加接近,保佑功能上会更贴心尽力。民众对南海神的信服已在不知不觉中形成。

二、南海神对本土海商的保佑

唐朝时封南海神为广利王,绝不是随意而为,广州此时海外贸易兴旺繁荣,因而《新唐书》叹之曰每天都有十多艘大的海船满载着犀牛角、象牙、珠宝等,与富商大贾一道出入境,广人"多牟利于市"。另外据记载,在海边时有鬼市,半夜而合,鸡鸣而散,赶场的人很多,往往在其间能够得到异物宝贝,很吸引人。这时不仅官商贸易兴盛,由于官方开放的贸易政策,私人贸易亦极发达,并成为官方贸易之外的又一重要的贸易形式。随着私人贸易的兴盛,居于海外贸易港口附近的海商贸易保护神的南海神广利王庙自然而然地香火旺盛,朝拜的人群趋之若鹜。

宋朝时随着南海神法力诸多灵验,信者日众,各地都上书申表,要在地方上建立分庙,以护卫百姓,保一方平安。这样,在广东沿海县一级的地方都建立了南海神分庙,这些庙宇的建立大多是官民共建,即地方官府和民间人士合作建立的,也是从高高在上的官庙开始向民间延伸。同时,加封南海神为洪圣广利王,并对南海神的夫人、儿子、女儿均有封号,说明南海神信仰崇拜达到了一定的高潮。在宋朝,南海神上保佑国家社稷,下保护百姓工商,使得广州地区风调雨顺,五谷丰登,民众安乐。还使南海风平浪静,百舸争流,民众富足。因而民众,特别是海商经常到南海神庙烧香许愿,顶礼膜拜,成为南海神庙香客中最重要的一部分人,反映了商人与南海神有着不可分割的深层情感。

元朝实行官本船的海外贸易制度,也就是由官方预垫资本,购买海船,雇募商人承办,出海进行贸易,返回后所获利益由公私分成。这种制度的实际运作者由原来的官方转移为海舶承运商,海舶承运商在元朝是重要的对外贸易形式。海舶承运商利润的厚薄,航行的顺利,都使得他们对南海神更多了一些依赖,从而成为南海神信仰中重要的中坚力量。

明朝初除去南海神原有的一切封号之外,后有一次加封,即为"宁海伯",意为出海航行顺利,主要是对郑和出使西洋诸国的祈福求安盼顺的希冀。然而,从明初的禁海政策以及封南海神为"宁海伯"的封号来看,此时官方最主要的还是政权稳定,为巩固政权,安定社会,稳定地方,并不积极推动海外贸易。

大航海时代以来,也就是在明朝的中后期,官方开始允许私人经营外贸。广东本土的商人在外商来华的过程中,也组织起商船队从事贸易,从而形成了色彩纷呈的海商集团,较为著名的如东莞人何亚八,饶平人许栋、张琏、林国平,大埔人萧雪峰,惠来人林道乾等。这些人下海通蕃,进行海商贸易,获利甚丰,他们主要从事的是日本、朝鲜、菲律宾、南洋群岛、南亚、非洲、欧洲等区域的贸易。细分下来,各海商集团的背景各不相同,有官商、盗商及民商等不同的类型,但他们都下本钱,出大力,以各种方式扩大财富,经营市场,为本地的经济贸易繁荣献财献力。这些海商集团因为要经常出海进行贸易,对南海神都极为崇拜,有心理依赖和寄托,每每出海都要对南海神许愿祈求,希望得到保佑。海商集团的商人、船工及他们的家人都是南海神庙香客的主要人

群。

清朝以来，广东对外贸易的国家增多，海商群体也在增大，但此时，由于种种原因，对海神妈祖的信仰不断扩大，南海神的影响力日渐式微，在民间已降为一般水神，与北帝、伏波、龙母、龙王等水神并驾齐驱，海商的信仰也日趋多元化。

三、南海神对当今海商的精神慰藉

改革开放以来，广东地区以前所未有的姿态大踏步地发展，成为前沿地带，与此同时，海商以及海陆复合型商人、跨境电商等大量踊跃。据统计，个人资产在千万以上的人口全国有100多万，而广东就占据13%，占有量全国第一。

广州是三大造船基地之一，这里除了国有的大型造船基地外，还有众多的民营造船公司，成为造船业的补充。这些造船公司可以大量生产渔民捕捞用船，中小型运输船、运沙船，也有的专门生产有文化内涵的龙舟。还有专门保养、维修船舶的船坞。

在航运方面，广州有国有的远洋船运超大型企业，还有众多的民营船队，从事进出口货物的营运。可以说，现在几乎在世界上所有的海域和港口都有来自广东的船队。

在港口区域，有众多的集装箱堆场、仓储服务、货代、传播供应链服务、船员劳务服务等公司，大部分都是民营公司。

可以说，这些造船、航运及临港产业的民营企业主，就是新时代的海商，他们所从事的企业与航运息息相关。在市场有风险、经营需谨慎的意识下，在航行有险途、处处需细致的感觉中，这些海商对航海保护神南海神既崇敬有加，又有本能的依赖信服心理。

南海神庙在南粤大地上经历过唐宋时期的隆重祭典，也经历过明清时期的衰势渐显，更经历过民国时代的兵荒马乱和"文革"时期的打砸抢抄，直到尘埃落定之后，才以其历史的悠久厚重、文化的独具特色、民俗的缤纷多彩，重新被世人所关注。广州市政府从2005年开始在南海神诞的农历二月十三日举行民俗文化节活动，从而在文化意义上表达了人们对南海神的情感与寄托。

对于南海神的文化探寻也逐渐开展，有章回小说《南海神传奇》，有南粤特色的历史书籍《千年海祭》《南海神庙与波罗诞》，有研究著作《国家祭祀与海上丝绸之路——南海神庙研究》，有研究论文汇编《南海神信仰》，有歌曲《南海神之歌》，也有人正在进行南海神动漫游戏制作，等等。以上种种，都使南海神成为文化符号，走进人们的生活，与时代融为一体。

南海神与海商有着天然的联系。今天的海商面临的是更加广阔的市场，更加丰富的航线以及更加众多的港口。这就需要海商们内心更加强大，心理更加健康，意志更加坚强。南海神作为千百年来保佑航行的神灵，会使趋利避害的海商信服它，崇拜它，成为他们精神慰藉的重要内容。

四、小结

南海神以主掌中国最辽阔海域——南海而著名。南海神庙以历史悠久的国家祭海神坛独具魅力。海商在南海神的庇佑下行走海洋，繁荣社会，交流经济文化。

参考文献

[1] （宋）祝穆. 方舆胜览. 北京：中华书局，2003.
[2] 王元林. 国家祭祀与海上丝绸之路——南海神庙研究. 北京：中华书局，2006.
[3] 乔培华. 航运与广州现代化. 北京：光明日报出版社，2011.

从波罗诞民俗文化庙会看南海神庙的华丽转身

冯金磊

(广州航海学院)

南海神庙又称波罗庙,是中国古代祭海的场所,也是古代海上丝绸之路的重要历史见证,在1400多年的历史中,其多重身份特征,让南海神庙上演了无数的辉煌。到了清代,随着广州外港的变迁,其地位和影响力大为减弱。然而,到了新世纪,南海神庙波罗诞庙会与广州民俗文化的有效联姻,让其再次成为舆论关注的焦点,给广大民众带来了岭南民俗文化的盛宴。

一、古代南海神庙的多重身份

南海神庙主要以官庙的政治身份存在,得到统治者的祭拜,彰显皇权与国运昌盛,同时也融宗教、历史、文化、旅游等多重身份于一身,在社会发展中起着重要作用。

(一)政治身份

南海神庙以官庙的政治身份,让南海神在历史上得到众多皇帝的加封和祭拜。纵观朝廷对南海神的大祭,要么发生在动乱平定之后,要么是国运昌盛、社会繁荣之时。从一定意义上说,这其实是统治者以借助祭祀、加封南海神的形式来彰显皇权和宣示国运昌盛,治理国家的功绩而已。南海神祝融也是神,皇帝却可以利用皇权封它为南海神,而且给它赐爵封号,俨然是一种居高临下的姿态,使自己凌驾于神权之上,这其实就在彰显皇权的伟大,历代皇帝都是如此,希望和南海神结缘。加封之外,历代朝廷与帝王都格外重视祭祀海神,在平定动乱或者国运昌盛的时候,都会祭祀南海神。隋文帝统一中国,加上当时海上交通和对外贸易的日益兴盛,为彰显国运,于南海立祠,南海神庙正式成为官庙。到了宋代,对外贸易以海上丝绸之路为主,扶胥港更加繁华,并且刚刚平定了岭南最大的社会动荡侬智高反宋,宋仁宗下诏给南海封加"洪圣广利王";雍正三年,祭祀南海神的《祭文》曰"惟神流滋炎域,容纳百川,功弘长养,庶类繁昌"等等。尽管元代以后,扶胥港已经衰落,但南海神庙作为南海坛庙,其皇家祭海,彰显国运的作用仍在。

（二）宗教身份

南海神庙处于古代海上丝绸之路的重要位置上。在古代，门前一直就有码头，码头外面是茫茫的大海，出海航船或来自远方的航船，都须经过坐落在南海神庙的这个古码头。于是，众多商船顺路经过这里均停下来上庙祭祀，以祈求航路平安、生意顺利。南海神庙从此便成为海上丝绸之路上使节商旅朝拜的圣地，来来往往的人们单纯而固执地相信，庇佑一方的南海神庙能够给人们带来幸福。附近居民逢初一、十五，都要到庙里烧香拜神，所求之事不仅限于"海事"，也求五谷丰登、早生贵子、求学中第、升官发财、健康长寿等等。

（三）文化身份

从文化内涵上说，南海神庙是中国唯一完整保存至今的海神庙，内含着中华祭祀文化、海洋文化、民俗文化等多重文化形态和文化基因，具有深厚的历史文化底蕴。宋代诗人刘克庄在广州作《即事》诗4首。其一云："香火万家市，烟花二月时。居人空巷出，去赛海神祠。"描绘的正是南海神庙波罗诞庙会的盛况，历代文人墨客在南海神庙留下了不朽的历史遗迹和佳话。居于唐宋八大家之首的韩愈所撰文的碑刻屹立在神庙的头门前，南海神庙也因韩愈此文而声名鹊起。北宋诗人苏东坡的七律，极有气势地矗立在浴日亭的石碑上，俗称"东坡石碑"。其后，杨万里、汤显祖、薛纲、陈献章、屈大均、李文藻、宋湘等也许是冲着"东坡石碑"的名人效应而来，或观日品诗，也作诗唱和，名家荟萃、济济一堂，留下了珍贵的印记，成就了这长江以南最大的"碑林"。经过历朝的更迭，南海神庙的文化积累可谓厚甲一方。

二、现代南海神庙的岭南民俗文化象征

2005年之前，南海神信仰作为文化现象和文化活动只为小众群体所知。广州市文化部门从弘扬民俗文化的角度，结合现代时尚元素，利用传媒手段，经过11年的努力，使南海神庙波罗诞民俗庙会的影响力不断扩大，南海神庙逐渐成为广州对外文化交流的名片。

（一）南海神庙波罗诞民俗文化的繁荣

城市在发展的过程中，要保持自己的特色和个性，就必须保持自己具有代表性的民俗文化。南海神庙建成已有1400多年，每年农历二月举办的波罗诞庙会，演变至今已成为广州乃至珠三角最大的民间庙会，也是全国唯一存留至

今祭祀海神的活动。自2005年开始,广州民俗文化节与南海神庙波罗诞联姻,参加民俗活动的人数逐年增加,其中不乏省外和国外游客,南海神庙的影响力不断扩大,其波罗诞庙会成为广州重要的民俗文化象征之一。庙会参与人数从首届的近30万人次到2012年的123万人次以上,近几年都保持在100万以上,而且呈递增趋势,参与群体逐渐从中老年人普及到年轻人,近几年的年轻游客比例均在60%以上,并吸引了不少外来游客。波罗诞民俗庙会景象繁荣,南海神庙的知名度不断提升。

(二) 南海神庙波罗诞民俗文化繁荣的主要原因

1. 政府与市场共同运作

2005年,广州市文化部门将南海神庙波罗诞庙会与广州民俗文化相结合,拓展深化波罗诞庙会的内容,加入市场支撑,打破原来的单一靠政府投入的机制,让政府和市场共同运作,经过11届运作,已经固定了十大环节,操作流程、经费投入、管理机制都稳定可靠。2011年6月,波罗诞被列为国家级非物质文化遗产,被省委宣传部、省文化厅评为广东省特色文化品牌、全省群众性文化活动优秀品牌,并被纳入《广东省旅游发展规划纲要(2011—2020)》。近几年,政府致力于打造南海神庙文化旅游品牌,五子朝王、花朝节、水神会等传统民风民俗在这里得以复活、焕发生机。

2. 传统与时尚有机结合

将传统与时尚相结合是南海神庙波罗诞庙会繁荣的重要因素。在传统文化挖掘方面,主办方策划了一系列历史文化展览、摄影、剪纸、国画等活动。在近年屡有创新,把更多的国际元素、时尚元素注入南海神庙,不断扩大民俗文化节的内涵,提高了活动的规格和影响力。譬如,在庙会活动现场设立了微博墙,举办"玫瑰之约"单身男女配对活动,引入了动漫文化时尚元素,让更多的年轻人参与其中。据统计,2015年南海神庙波罗诞期间,年轻游客和外国游客比往年明显增多,抬神像的人群中,不只是老年人,还有"80后"和"90后"年轻人的身影。参与的青少年能近距离感受到了民俗文化的震撼,有利于传承传统民俗文化,参与南海神庙的文化开发。

3. 媒体与口碑的共同作用

媒体的详细报道和游客的良好口碑是庙会不断繁荣的重要推动因素。南海神庙波罗诞千年庙会经过重新包装,11年来影响力逐步扩大,接待了大量来自海内外的游客,其中不乏"海丝"沿岸各国华文媒体。2014年,来自21个国家和地区的33家海外华文媒体,对南海神庙进行了深入的采访报道。南海神庙波罗诞庙会不仅是珠三角地区重要的民俗庙会活动,而且正发展为海内外华人关注的重要的民俗活动。

三、结语

南海神庙从封建社会的辉煌到清代的沉寂更多是客观原因，而如今能够再次从沉寂到繁荣，则更多是人力所为的主观因素。民俗文化是一个城市内在特色的象征，南海神庙波罗诞庙会充分发挥着彰显广东岭南民俗文化的作用。在21世纪国家"一带一路"战略的东风下，南海神庙依靠着与古代丝绸之路的血肉联系，也定将在这个舞台上发挥更为重要的作用。

参考文献

［1］陈典松．南海神庙四大文化主题探析［J］．广东史志，2001（3）．
［2］曾应枫．千年海祭——广州波罗诞［M］．广州：广东教育出版社，2010（3）．
［3］黄淼章，闫晓青．南海神庙与波罗诞［M］．广州：暨南大学出版社，2011（8）．

南海神文化在动漫吉祥物设计中的传承与创新

陈 坤

(广州航海学院 艺术设计系)

南海神庙是广东省的重要文化名片，蕴藏着丰富的吉祥文化资源，南海神、波罗鸡等都有多重吉祥意义，为动漫吉祥物设计提供了珍贵的创意资源。传统吉祥物设计和动漫角色设计有所区别，也有密切联系。所以本文把两者综合起来研究，主要论述运用动漫艺术语言设计的吉祥物与南海神庙文化的创新融合。动漫吉祥物与传统吉祥物设计不一样，动漫吉祥物主要指运用动漫设计语言，进行卡通化、夸张化、符号化设计，造型更可爱、更简洁、更有趣，方便后续开发为漫画、影视动画作品及多种形式的文化创意产品，有着广阔的市场空间，更受青少年喜爱，有利于向青少年传播南海神庙文化，进而激活文化遗产、实现历史的传承与文化资源的创造性转化。

一、波罗鸡与动漫吉祥物设计

目前关于南海神庙的吉祥物，首先想到和吸引大家的是波罗鸡。波罗鸡是黄埔地区独特的、历史悠久的民间工艺品，也是一种吉祥物，已经成为波罗诞庙会的重要传统纪念礼品。每年波罗诞，都有数以千计的市民前来购买波罗鸡，已经成为特有的民俗。传统民间习俗认为波罗鸡是"神鸡"。在粤语里"鸡"和"吉"谐音。波罗诞现在已经成为广州乃至珠三角地区民间影响最大的庙会，"第一游波罗、第二娶老婆"。民谚中可见民众把波罗诞与人生大事——娶老婆相提并论，折射了波罗诞在百姓心目中的至高地位。

波罗鸡是目前波罗诞期间最普及和受欢迎的吉祥物礼品，波罗鸡吉祥物的广阔市场已经引起了部分企业的重视，目前主要有广州苍龙文化创意发展有限公司等少数几家企业，但面对如此博大精深的创意宝库，目前的挖掘和开发程度还非常有限。目前，波罗鸡的销售主要集中在波罗诞庙会期间现场销售，在其他时间和地方的销售量还有限。我们采访了来自北京、上海等广东省外的100位群众，发现目前波罗鸡在省外的知名度比较有限，有近75%没听说过波罗鸡，而且有不少受访者误以为是一种美食，误会是用菠萝做的美味鸡。如果要扩大波罗鸡文化在全国的影响力，需要进一步创新和探寻更多传播方法。

制作一只传统波罗鸡通常需要36道工序，制作波罗鸡采用真鸡毛，鸡毛通常在前一年就要准备好。为防止禽流感，还要认真挑选鸡毛，而且要经过反复烫晒，还需要配合旧纸皮、禾杆草等多种材料，制作周期较长。用传统方法做波罗鸡工艺品时，容易弄到满地鸡毛，使家里污浊邋遢，利润空间有限，所以越来越多民间艺人不愿意制作，加上工艺复杂，已濒临失传的危机，产品不利于更大范围运输和传播，急需突破和创新。

而动漫波罗鸡吉祥物设计可以避免传统波罗鸡的诸多缺点，方便工业批量化生产，改为不容易损坏的环保材料，可以在全国范围甚至全球传播。动漫波罗鸡吉祥物的制作，一方面需要传承传统波罗鸡生动传神的优点，但又不能照搬，需要在造型、色彩和材质等方面进行创新，运用卡通化语言，增加其趣味性、现代化、时尚感、符号化，容易让人们记住。"萌感"已经成为新时代吉祥物设计的美学新特征。孩子们和动物天生就是朋友，儿童与青少年更容易被很萌的动物吉祥物吸引，波罗鸡动漫吉祥物可以主要定位在儿童与青少年，所以波罗鸡的造型可突出圆圆的萌感，可以采用清新明亮的色调，材质需要考虑儿童使用时的安全性，可以选择环保舒适的棉布、毛绒布等。

二、南海神与动漫吉祥物设计

不只是波罗鸡对动漫吉祥物设计有重要启示，南海神更是值得研究。南海神有更丰富的吉祥寓意，也为动漫吉祥物设计提供了广阔创意空间。我们调研发现市场上还非常缺乏南海神动漫吉祥物和相关创意产品。

南海神是古人所认为的东南西北四海海神之一，《山海经》中早有此种说法。如今，南海神成为岭南沿海地区影响巨大的一个地域性海神。历代帝王循礼崇封，官民祈禳祝佑，无论是官方，还是民间，南海神的地位是毋庸置疑的。据唐代韩愈《南海神广利王庙碑》记载："考于传记，而南海神次最贵，在北东西三神、河伯之上。"意思是南海神在所有海神河神当中是最尊贵的。南海神有多种神力，广为人知的是航海保护神，这是海员和海商信仰南海神的主要原因。自古以来，海员和海商出海前都要到南海神庙祈福，祈求南海神保佑平安。即使到了今天，在国有船上服务的海员，有时也在驾驶室设有神龛，供奉南海神；在民营船上服务的海员，船上必定都有海神的神龛。他们对海神比其他人有更深一层的信奉和依赖，以求得心安、自信与坚强。

正因南海神有保驾护航的独特寓意，如果设计为吉祥物，可传递其丰富的吉祥寓意，融合海洋文化，可开发为航船、游艇等上的礼品、装饰品等，可以赠送给海员、海商及其家人，保佑亲人们海上平安、祝福航船的安全，也能给人们带来精神力量，满足人们的精神需求，有广阔的市场前景。航海业又是与国外接触最多的行业之一，可以把船上的动漫吉祥物作为礼品、商品向国外输出。"民族的就是世界的"，通过吉祥物媒介，更有利于向世界传播南海神庙文化，吸引更多海外游客到广州市和南海神庙旅游。

从唐代到清朝，先后有6个朝代的帝王给南海神封号十多次，其中唐代天宝十年（751），唐玄宗封南海神为"广利王"；至宋康定元年（1040），仁宗封加"南海洪圣广利王"。南宋绍兴七年（1137），高宗加封"南海广利洪圣昭顺威显王"。元朝至元二十八年（1291），封南海神为"广利灵孚王"。它们都有"广利"二字，有广收天下财利的吉祥寓意，对于统治阶级和平民百姓来说都是非常受欢迎的寓意。基于"广利王"的吉祥寓意，我们可以在动漫吉祥物基础上开发南海神存钱罐等多种创意产品，寓意给人们带来更多利好。

南海神还是送子延嗣神。相传明代嘉靖皇帝求南海神送子予他："伏望茂著神功，锡予元嗣。则我国家绵庆祀于无穷，而神亦享福于有永矣！"此事成功后，皇帝又专门刻碑致谢。从此民间纷纷效仿，祈求南海神送子延嗣。南海神也就有了与观世音菩萨类似的送子延嗣的神力。结合此层寓意，我们可以把南海神吉祥物设计为赠送给孕妇及家人的礼品，保佑母子平安、祝福早生贵子等。新时代，去南海神庙膜拜南海神的民众不再是祈祷"出海平安"，祈祷的内容越来越多样化，善男信女不但祈求风调雨顺、国泰民安，而且寄望这位"法力无边"的南海神保佑自己和家人吉祥如意、身体健康，各有所求，各得所愿，有更丰富的吉祥寓意。所以南海神与吉祥物创意设计有着得天独厚的结合点。

南海神吉祥物的造型设计要融合海洋文化特色，以区别于玉皇大帝、财神等其他神灵，提高其标志性与识别度，突出南海海域之神的特征。南海神庙里的南海神雕像和绘画是很好的参考，但不能复制与照搬，追求"似与不似之间"的设计风格，融入时代感，体现传统与现代的融合。南海神的吉祥物产品可区别于波罗鸡吉祥物而更多定位于成人市场，所以其动漫吉祥物的材质制作范围可以更广泛，应大胆尝试陶瓷、陶泥、塑料、棉布、金属等多种形式的材质。

三、其他神灵与动漫吉祥物设计

南海神庙内除了南海神，还有其他多位神灵，也蕴藏着丰富的故事，共同体现了南海神庙文化的多样性与包容性，对于动漫吉祥物设计也有多重价值。

波罗诞期间有个最为壮观的民俗活动叫"五子朝王"，盛装巡游的乡民们浩浩荡荡从各乡会集到南海神庙进行祭祀活动，热闹喜庆的气象把波罗诞庙会活动推向高潮。所谓"五子"就是南海神5个神通广大的儿子，"五子朝王"是将供奉在附近15个乡村的洪圣王5个儿子的神像，在南海神正诞日一齐抬到南海神庙，拜见父王，为南海神贺寿。南海神的五个儿子从大到小依次为大安、元安、始安、长安、祖安。其中长子大安聪明能干，谋略过人，能协助南海神工作，被封为"辅灵侯"。元安为人忠厚，办事牢靠，南海神对他格外放心，被封为"赞灵侯"，这两子享受"侯"级待遇。四子叫长安，主要职责是巡海和打捞救助遇险海船，勤勤恳恳，对搭救遇难航船功不可没。五子祖安负责管理庙堂，有条不紊，亦深得南海神宠爱。唯独三子始安生得虎背熊腰，身强力壮，但喜欢顶撞南海神，性格调皮，所以南海神不大喜欢他，各种待遇都没享受，就得了个绰号——"硬颈"（粤语是"执拗"的意思）。

　　5位小海神的名字都有个"安"字，给人吉祥与平安的美好寓意。例如四子的名字叫"长安"，取长治久安之意，深受人们的喜爱。这些都有利于与动漫吉祥物设计相结合，我们可以重点设计出5位小海神童年时的可爱形象，更适合幼儿与青少年的口味。尤其是三子始安的形象似乎更像现在许多顽皮的独生子女，可以设计为更接地气的、淘气、可爱的吉祥物形象，更容易演绎出趣味性故事。

　　南海神还有"千里眼"和"顺风耳"两个得力助手，传说"千里眼"和"顺风耳"是玉皇大帝派给南海神的两位大神。"千里眼"有3只眼睛，能看到千里之外的事物。"顺风耳"有4只耳朵，能听到千里之外的声音。当他们看到或听到千里之外航船发出求救信号时，就马上向南海神报告，南海神马上命令巡海将军进行救援，从而使船员平安归来。如今，南海神庙有"千里眼"和"顺风耳"两尊雕塑立在门口两侧，表情生动传神、姿态惟妙惟肖，特别吸引孩子们驻足合影留恋，适合再设计升华为动漫吉祥物，对于成年人也会有吸引力。

四、结束语

　　日本的动漫等文化创意产业，非常重视吸收民族文化遗产资源，值得我们学习。南海神庙是珍贵的文化创意宝库，还有许多地方值得我们研究。传承不能仅仅局限于吉祥物设计，需要进一步创新，在动漫吉祥物的基础上开发多种形式的文化创意产品，例如，在吉祥物的基础上制作动漫风格的波罗符和平安符等。我们可在神庙内设立专门的特色旅游纪念品专柜，常年出售这些特色动漫吉祥物与相关产品，尤其是在波罗诞期间，可以全方位宣传南海神庙动漫吉祥物及产品。"南海神庙是古代广州南海海上丝绸之路的重要标志"。我们还需要把南海神庙放在海上丝绸之路文化的大背景下，面向建设21世纪海上丝绸之路的国家战略，联合其他海上丝绸之路文化古迹研究机构，例如，与黄埔古港、古村、广州十三行等研究机构合作举办相关文化创意活动，还可以与福建省等更多地方进行合作，共同交流海上丝绸之路文化，有利于南海神庙文化及相关动漫吉祥物更好地走向全国。

无论是南海神还是波罗鸡，都给人广阔的故事想象空间，有利于在动漫吉祥物的基础上开发影视作品。不少企业已经注意到把动漫吉祥物开发为影视动画作品的潜力。我们认为还可以走多元化创造的道路。美国麻省理工学院著名教授尼葛洛庞帝（Negroponte）的著作《数字化生存》描绘了数字媒介与互联网等为人类带来了前所未有的变革与机遇，我们也认为随着数字化与移动互联网的高速发展，QQ表情、移动IM表情动画等越来越受欢迎，特别是微信表情动画有着强大的生命力。我们可以在动漫吉祥物的基础上设计微信表情动画。例如，广州航海学院成立了动漫及创意产品设计工作室，在南海神庙文化研究中心的指导下，设计了系列吉祥物，并在吉祥物的基础上同步开发QQ表情、微信表情与创意产品等。动漫吉祥物设计是文化创意产业的重要组成部分，通过动漫吉祥物设计来传承南海神庙文化，不但可以促进相关文化产业的发展，还可以进一步传播南海神庙文化，提高广东海上丝绸之路的文化影响力，对建设广东文化强省、推动广东省文化创意产业发展有着重要的意义。

参考文献

[1] 王元林. 国家祭祀与海上丝路遗迹：广州南海神庙研究[M]. 北京：中华书局，2006.

[2] 顾涧清等. 广东海上丝绸之路研究[M]. 广州：广东人民出版社，2008.

[3] 黄启臣. 广东海上丝绸之路史[M]. 广州：广东经济出版社，2003.

21世纪海上丝绸之路背景下的南海神庙再定位

冯金磊

（广州航海学院）

南海神庙是中国古代海外交通贸易的重要遗址，一千多年历史所孕育的宗教、历史、文化、旅游等多重内涵，是社会发展中不容忽视的力量。至清代，随着广州外港的变迁，其地位和影响力大为减弱。

步入21世纪，广州民俗文化的发展，让南海神庙再次得到关注，知名度不断提升，然而，作为地域性的民俗活动，波罗诞的影响力毕竟有限。国家"一带一路"战略的实施，"海丝文化"成为主流，让南海神庙遇得了难得的发展机遇，其悠久的历史和丰富的文化内涵具有显著的优势，南海神庙在建设21世纪海上丝绸之路的过程中如何定位，将成为南海神文化快步发展的重要因素。

一、21世纪海上丝绸之路文化之旅上的明珠

文化的影响力超越时空，跨越国界，是一个国家核心竞争力的重要组成部分。古代丝绸之路既是一条通商互信之路、经济合作之路，也是一条文化交流之路、文明对话之路。南海神庙作为古代海上丝绸之路的重要历史见证，曾经吸引各类涉海群体慕名到来，作为多种精神的集合体，南海神庙呈现出丰富的文化现象，承载着广州作为"一带一路"重要节点上的文化支撑。在"一带一路"的国家战略上，"以海丝文化沟通沿线国家"是新的历史使命。此时的南海神庙更应拓展深化其文化财富，发挥其在建设21世纪海上丝绸之路中的文化价值，形成广州独特的南海神文化品牌。

2015年，南海神庙波罗诞庙会活动以"海丝文化"为主角，以民俗活动的形式展开，加大对"海丝文化"和历史的展示，开展的"海丝福缘"主题摄影邀请赛和展览活动、广州"海丝文化"书画图片联展活动、广州海上丝绸之路史迹图片展等活动，映衬了南海神庙的历史地位和文化内涵。此外，以"广州海上丝绸之路"为主题开展书画、摄影、诗歌等艺术创作，从民俗、历史、文化多维度展现羊城"海丝"历史文化的"静态"之美；编撰并出版的《海丝华礼——波罗诞》（三卷）丛书，为古代海上丝绸之路的影响力增色添

彩，从而提升南海神庙的品牌影响，并延伸到其他领域当中，逐步形成一定的产业链。

这些"海丝文化"的初步成绩，都源自于南海神庙与古代海上丝绸之路的血肉联系。广州在建设21世纪海上丝绸之路的画卷中，必须深挖南海神庙的文化内涵，打造南海神庙21世纪海上丝绸之路文化之旅上的明珠的地位，以此为切入点，提升广州在"一带一路"战略实施中的独特作用。

二、树立文化明珠地位的有效途径

把南海神庙打造为广州21世纪海上丝绸之路文化交流品牌，需要多方面、多途径、多形式的有效结合。

（一）统筹资源，形成合力

南海神庙自古就是海上丝绸之路的重要节点，一千多年的繁荣，留下了无数的文化传说，名人轶事。对南海神庙开展文化研究，始于20世纪80年代，30多年来已取得了不少研究成果。然而，即使有研究小组，也分散在个别单位，没有形成合力，缺乏系统性。如果能借21世纪海上丝绸之路战略的东风，形成政府层面的高级别研究中心或工作组，制定方向，共享资源，将起到事半功倍的效果。比如，市政府牵头成立研究中心，统筹现有的研究成果，充分挖掘其文化内涵和人文精神，并与国家的"丝绸之路艺术节"有机融合，举办形式多样、丰富多彩的文化论坛、展览、演出活动，围绕"文化新丝路"的主题，联合译介、出版相关书籍，拍摄、播放有关影视片等。如此，不仅赋予南海神文化新的时代意义，而且将有效加快广州融入21世纪海上丝绸之路的步伐。

（二）注重利用网络和新媒体手段

网络与新媒体手段具有不受时间、不受地域、不受容量限制，以及具有互动性、新颖性等特征，南海神文化的开发应该充分利用网络与新媒体手段。例如，开发南海神文化研究的网站、微信平台，通过新闻、音乐、演出、动漫、网游等文化产品，传承古丝绸之路精神，提升中华文化影响力。同时，将南海神文化与21世纪海上丝绸之路战略联系起来，注重与时代精神的吻合，使学术研究与文化宣传、产业发展形成良好互动，并在第一时间融入群众喜闻乐见的各种文化形式中，如音乐、舞蹈、戏剧甚至年轻人喜爱的动漫，真正使南海神庙这一宝贵的文化遗产动态化、产业化，成为名副其实的文化品牌，为广东践行21世纪海上丝绸之路战略做出贡献。

（三）加快广州海事博物馆暨海上丝绸之路博物馆建设

广州海事博物馆选址在南海神庙旁边，并计划挂海上丝绸之路博物馆的牌子。加快博物馆的建设，凸显南海神文化的地位，以动静结合的陈列方式，充分展示南海神庙的重要地位；以收藏、研究和展示广州有关海上丝绸之路和对外贸易发展历史的文物为基本功能，结合展示明清古码头、石刻碑文等古代广州海上丝绸之路的历史遗迹，打造广州与海上丝绸之路沿岸国家和城市进行文化交流的平台，为广州实施21世纪海上丝绸之路助力。另外，可在南海神庙策划筹建几组雕像，如苏东坡游浴日亭、杨万里游南海神庙、陈献章游浴日亭、波罗庙会情景等等，在庙外广场筹建海上丝绸之路的雕塑，进一步增加古庙的文化气息和情趣。恢复一段扶胥古镇历史商业街，发展特色小手工业和小商业，延续千年古镇的历史文脉，弘扬古镇的特色。将南海神庙打造成为集文化旅游、民俗风情、海上丝路、庙会文化、休闲观光、学术研究等功能于一体的具有独特魅力的文化旅游胜地。

（四）借力涉海类节庆日

"中国航海日"和"世界海员日"每年都会举行系列的重大庆祝活动，规模盛大，影响面广。历史上，海员来到黄埔都喜欢拜祭南海神，因此南海神庙完全可以考虑结合两个重大节日，举办类似"海员节"的活动，吸引国内外的海员来此，从而让南海神庙走出国门，走向世界，发挥其21世纪海上丝绸之路的文化纽带作用。

（五）适度引进民资

南海神庙定位21世纪海上丝绸之路文化明珠的地位，不仅需要挖掘其文化软实力，还要不断提升其自身的硬实力，扩大规模，提升质量。其波罗诞的繁荣发扬文化价值的同时，也蕴含着巨大的商业价值，如果能够引入民间资本，通过民资力量实现文化与旅游有机结合，以文化支撑旅游，以旅游反哺文化，将其打造成具有深厚文化内涵的品牌景区，将更有助于提升南海神文化在国内外的影响力，推动21世纪海上丝绸之路明珠地位的建设。

（六）发挥外籍人员的传播优势

海上丝绸之路与经商文化密切相关，南海神庙作为古代商旅朝拜祈福的重要载体，其经商文化非常丰富。广州是外籍人员经商和留学人数最多的城市，

存在发展多元交会的文化,不仅要"走出去"办孔子学院,还要接纳留学生和国外商人。借助于 21 世纪海上丝绸之路的大战略,发扬经商文化,南海神庙具有不可替代的作用。以南海神文化为切入点,在外国商人和留学生中传播中国文化,使其更好地融入广州文化当中,也是实施 21 世纪海上丝绸之路战略的重要表现。

三、结语

2015 年 3 月 28 日,国家发展改革委、外交部、商务部联合发布的《推动共建丝绸之路经济带和 21 世纪海上丝绸之路的愿景与行动》中,提出了将加强广州等沿海城市港口建设。这是广州海事文化发展又一机遇,也是南海神文化传承发展的契机。南海神庙伴随海外贸易港口而存在,一直是港口的组成部分,与古代海上丝绸之路具有难以割舍的联系。广州南海神庙"海丝"文化与现代贸易精神前后传承,古今辉映,必然能乘着 21 世纪海上丝绸之路国家级战略的东风,在 21 世纪海上丝绸之路的文化之旅上扮演璀璨明珠的角色。

参考文献

[1] 蔡武. 坚持文化先行 建设"一带一路"[J]. 求是,2014(9).
[2] 乔培华. 南海神庙:广州对外文化交流的见证与名片[J]. 广州航海高等专科学校学报,2012(3).
[3] 国家发展改革委、外交部、商务部. 推动共建丝绸之路经济带和 21 世纪海上丝绸之路的愿景与行动. 2015.